Das D42 Adventure System

Klassische Adventures selbst entwickeln für den Commodore 64/128

Adventure System

Klassische Adventures selbst entwickeln für den Commodore 64/128

Stephan Lesch und Tobias Erbsland

Softwareversion 1.0

Eine Out of Order Softworks Produktion
www.out-of-order.info

1. Auflage 2014
© 2014 Stephan Lesch und Tobias Erbsland
Herausgeber: Volker Rust
Satz: Tim Schürmann
Logo-Entwurf: Mark Colling
Herstellung und Verlag: Books on Demand GmbH, Norderstedt
ISBN 978-3-7322-9407-7

Bibliografische Information der Deutschen Nationalbibliothek:
Die Deutsche Nationalbibliothek verzeichnet diese Publikation in der
Deutschen Nationalbibliografie; detaillierte bibliografische Daten sind
im Internet über dnb.d-nb.de abrufbar.

Inhaltsverzeichnis

Kapitel 1
Einleitung

1.1 Vorwort

Es war einmal vor langer, langer Zeit, gegen Ende der 80er Jahre:
ein Kleinanzeigenmagazin namens „Computer-Flohmarkt" (CF).
Nur etwa die Hälfte der Zeitschrift bestand aus den zu erwartenden
Suche/Biete-Kleinanzeigen für alle möglichen Systeme. Denn daneben gab es einen regen Austausch zwischen den Lesern, die kurze
Beiträge in Anzeigenform schrieben – ein Forum in einer Zeit vor
der Verbreitung des Internets, mit einer Antwortzeit von nicht selten vier Monaten.

Einige der Pseudonyme aus diesen „Laberrubriken" kamen Anfang der 90er auf die Idee, der Zeitschrift und ihrer Redaktion ein
Adventurespiel zu widmen. **Tobias Erbsland** schrieb zu diesem
Zweck eine erste Version des vorliegenden Systems. Aus dem CF-
Adventure wurde nichts bis auf zwei Demoversionen (Abbildung
1-1 und Abbildung 1-2), doch Tobias entwickelte das System weiter
mit dem Ziel, es zu vermarkten. 1994 lag eine erweiterte Version

Abbildung 1-1
Die Demoversion
des CF-Adventures

Abbildung 1-2
„Ludwig Mystify",
das Demoadventure
zum D4-System

vor, die über die Firma Independent Softworks vertrieben werden sollte. Zu der Zeit hatte **Volker Rust** gerade ein eigenes Adventure geschrieben, **Leisure Suit Leo**. Dieses Spiel war in Basic realisiert worden und recht einfach gehalten. Der Nachfolger, **Leisure Suit**

Leo 2, wurde wieder zunächst in Basic programmiert und stand bereits kurz vor der Vollendung (Abbildung 1-3). Als Volker Rust das
D4-System entdeckte, setzte er das Spiel damit komplett neu um.
1995 gründete er die C64-Gruppe **Out of Order** mit Coder **Stephan
Lesch** (Dizzy Devil), der programmierte Intro (Abbildung 1-4),
Endpart und weitere Kleinigkeiten um die Engine des D4-Systems
herum, und Ende 1997 erschien das Adventure.

Leo 2 war das erste umfangreiche Spiel, das mit dem System ent-
wickelt wurde und in dem neben den Stärken leider auch einige
Schwächen sichtbar wurden. Das eine offensichtliche Manko war das
Fehlen einer Speichermöglichkeit auf Disk, aber es gab noch weitere
Beschränkungen, die dem Spieldesigner auffielen. 2004 fing Stephan
Lesch an, das System zu überarbeiten. Ein Großteil der Spielengine,
des so genannten „Players", wurde umgeschrieben, der Editor wurde
ebenfalls in vielen Punkten erweitert. Die neuen Features und die
Änderungen sind in Anhang B näher beschrieben. Das originale
Anleitungsheft wurde ebenfalls umgeschrieben und angepasst. Ein
Teil des Programmpakets wurde unverändert übernommen, näm-
lich der Endsequenzgenerator, ein kleiner Demomaker.

Abbildung 1-4
Das Intro der D4-
Version von Leisure
Suit Leo 2

In der Zwischenzeit haben Volker Rust und **Thomas Hebbel** zwei weitere Spiele mit dem System erstellt, ein nicht ganz ernst gemeintes Fantasyadventure und einen Krimi. Diese Spiele sind schon recht weit gediehen und werden hoffentlich in nicht allzu ferner Zukunft erscheinen. Sie werden eine andere grafische Oberfläche haben als die hier mitgelieferte Engine, aber dasselbe Kernprogramm benutzen. Weiterhin soll das Spiel Leo 2 in einer aktualisierten Fassung veröffentlicht werden. Nähere Informationen gibt es auf unserer Website: www.out-of-order.info.

Und nun nimmt euch Dizzy Devil mit auf eine Zeitreise zurück ins Jahr 1994, als Tobias Erbsland die ersten Zeilen der ursprünglichen Anleitung schrieb.

1.2 Vorwort, die Zweite

Tjach, normalerweise ist ein Vorwort ziemlich trocken geschrieben und meist gar nicht zum Lesen gedacht. Ich muss jedoch von dieser vertrauten Regel eine Ausnahme machen und einige wichtige Dinge zu dem von dir erworbenen Programm erläutern. Nun, du bist mit dem Editor und Player in der Lage, ein Adventure zu erstellen, das mit jedem kommerziellen Programm mithalten kann. Du solltest jedoch diese Anleitung auf jeden Fall durchlesen, denn sonst garantiere ich dafür, dass du mit deinem Adventure nicht zufrieden sein wirst. Ein Adventure ist mit viel Arbeit verbunden, und du verbringst dafür schlaflose Nächte, in denen du neue Gags und Ideen ausdenkst. Lies diese Anleitung bitte erst einmal durch, dann befolge sie Schritt für Schritt, um zu einem brauchbaren Adventure zu gelangen. Die Vorbereitungen sind am schwierigsten, jedoch kann man sie nicht weglassen. Hat man jedoch eine gewisse Vorarbeit geleistet, wird die Arbeit am Adventure immer einfacher und steigt sogar bis in den „Freude"-Bereich an. Hast du dein Adventure als „fertig" erklärt, bist du so motiviert, dass du gleich dein zweites Adventure beginnen willst. Wenn du schon mal ein eigenes Game gemacht hast, dann kennst du diese Motivationskurve (Sucht), andernfalls bitte ich dich, mir zu vertrauen, denn ich mache das schließlich nicht zum ersten Mal – habe ich dir doch mit diesem Kit den Hauptteil der Arbeit schon abgenommen. Ich freue mich immer über Kreationen, die mit meinen Systemen erstellt worden sind.

Tobias Erbsland

1.3 Mitwirkende

- Originalsystem, Endsequenzeditor, Musiken und ursprüngliche Anleitung: **Tobias Erbsland**
- Erweiterung des Editors, des Players und der Anleitung: **Stephan Lesch**
- Viele Anregungen, Praxistest des Systems und Lektorat: **Volker Rust** und **Thomas Hebbel**
- Grafische Gestaltung, Satz und Layout des Buches: **Tim Schürmann**, **Volker Rust**, **Thomas Hebbel** und **Stephan Lesch**
- Logo sowie Coverentwürfe: **Mark Colling**
- Titelfoto: **Volker Rust**; Modell: **Sandra**
- Kapitel-Aufmacherbilder: **Philipp Bergmann**, **Gláucio Santos dos Reis**, **Volker Rust** und die Grafiker der CF-Adventures

- Beispieladventure „Ludwig Mystify": **Johannes Rinderer** (Story), **Tobias Erbsland** (Grafik, Musik), **Dante, Pioneer, Billy the Bit** (Grafik)
- cc65, eine C-Toolchain, deren Assembler und Linker für diese Software benutzt werden: **Ullrich von Bassewitz** (www.cc65.org)

1.4 Die Programme im Paket

Das D42-System besteht aus vier Programmen:

Editor: Mit dem Editor erstellst du das Spiel. Du definierst die Spiellogik und erstellst die Texte, bindest Grafiken und Musiken ein.

Player: Der Player ist die „Spielengine", mit der man das Adventure jederzeit spielen kann. Du benutzt ihn während der Entwicklung zum Testen, und er wird dem fertigen Spiel beigefügt.

Endsequenzgenerator: Hiermit kannst du einen Abschluss für dein Spiel erzeugen, einen Abspann wie bei einem Film. Es handelt sich um einen kleinen „Demomaker", in dem man ein Bild und eine Musik laden und einen Text vorgeben kann, der dann als vertikaler Scroller angezeigt wird.

Trackload-Generator: Dieses Programm erzeugt eine Tabelle mit den Positionen der Spieldateien auf der Diskette. Zum einen lässt sich damit beim fertiggestellten Spiel das Nachladen beschleunigen, zum anderen brauchst du es schon bei der Erstellung, um dein Spiel zu testen, sobald es mehr als eine Diskettenseite belegt.

Den Editor und den Player gibt es mit deutschen und englischen Bildschirmtexten, allerdings nur für PAL-Geräte. Zusätzlich ist eine Debug-Version des Players enthalten, die vor dem Start auf einen Tastendruck wartet (nützlich beim Testen mit einem Emulator) und beim Laden von Files den Namen ausgibt.

1.5 Bezugsquelle

Das aktuelle Programmpaket kannst du von unserer Website herunterladen:

www.out-of-order.info

Dort findest du auch die Quelltexte. Du kannst also Verbesserungen vornehmen oder deinem Spiel ein eigenes Aussehen verleihen.

Das System ist Freeware. Das Handbuch und das E-Book sind im Buchhandel bzw. Internet erhältlich. Für Sammler gibt es darüber hinaus eine limitierte Edition bei Protovision mit Box, der Original-Systemdiskette und gedrucktem Handbuch:

www.protovision-online.de

1.6 Die Hardware- und Softwarevoraussetzungen

Das System läuft auf dem C64 und C128 im C64-Modus. Der Editor unterstützt bis zu vier Floppylaufwerke mit Geräteadressen von 8–11, was bei größeren Adventures ziemlich nützlich sein kann. Alle Diskzugriffe des Editors laufen über die Kernel-Routinen, deshalb sollten z.B. auch die CMD-Floppys und andere Geräte wie Festplatten funktionieren.

Die Files sind allesamt nicht sehr groß, jedoch ist ein Speedermodul von großem Nutzen, weil man immer zwischen Spiel und Editor wechselt. Erkannt und unterstützt wird das Modul „Action Replay". Erkennt das Programm selbiges Modul, wird der Lader des Moduls automatisch eingeschaltet. Andere Utility-/Freezer-/Speeder-Module können Probleme machen, unter anderem das Final Cartridge III und das Retro Replay (hier unter Umständen nur manche Softwareversionen). In diesem Fall sollte nach dem Laden und vor dem Starten des Editors/Players das Modul deaktiviert werden. Der Editor läuft unter VICE auch ohne True Drive Emulation. Der Player benutzt einen Fastloader zum Laden und die Kernel-Routinen zum

Speichern. Deshalb sollten Module nach dem Laden abgeschaltet werden.

1.7 Was du sonst noch brauchst

Neben all den technischen Voraussetzungen braucht man sicher einmal einen Grafiker, falls man die Bilder nicht selbst malt oder konvertiert. Die Bilder dürfen maximal zwölf Charzeilen vom oberen Rand groß sein, das entspricht 96 Pixelzeilen, und sollten im Format von Koalapainter, Amica-Paint oder Paint Magic vorliegen. Notfalls wandelst du erst die Bilder mit einem Konverter um. Achte beim Erstellen der Bilder darauf, dass keine Objekte (Personen oder Gegenstände) eingezeichnet werden, die während des Spiels verschwinden oder vom Spieler mitgenommen werden. Wenn du solche Objekte anzeigen willst, kannst du sie mit Hilfe eines Sprites darstellen. Dieses Sprite wird nicht mehr angezeigt, sobald das Objekt einmal aus dem Raum entfernt wurde.

Zum Adventure gehört weiter auch eine oder mehrere Musik(en). Am besten sucht man sich einen guten Musiker, der die Musikstücke für das Adventure schreibt (komponiert). Findet man keinen, der diese Arbeit übernimmt, so kann auch einmal ein Song aus dem Demoadventure verwendet werden. Soll das Ganze jedoch vermarktet werden, so darf man den Punkt Musik auf keinen Fall vergessen. Die Musik darf maximal den Bereich $1000-$25ff belegen, der Init-Aufruf muss bei $1000 und der Play-Aufruf bei $1003 liegen. Wer dies nicht versteht oder meint, das sei eine Frage des Dollars, der sollte diesen Satz und die weiteren Informationen abschreiben und demjenigen zukommen lassen, der die Musikstücke für das Spiel generiert. Nähere Informationen zu den Voraussetzungen an die Musik befinden sich in der Beschreibung des Players in Kapitel 6.

Ein bisschen sollte man das C64-System schon kennen – es ist jedoch nicht Voraussetzung. Ich gehe einmal davon aus, dass du in Basic programmieren kannst und dich mit Laden, Speichern, Löschen und Kopieren von Files auskennst. Wie das funktioniert, steht aber auch im C64-Handbuch von Commodore. Ich hoffe aber, dass die Anleitung auch für Laien durchaus verständlich ist und keine allzu großen Unklarheiten bleiben werden.

Schließlich sollte man sich einen Testspieler suchen, der nicht gleich das Adventure weiterkopiert. Das Testen ist sehr wichtig, da dadurch meistens die Fehler gefunden werden, die man selbst nicht entdeckt hat. Ich habe die Erfahrung gemacht, dass die Zusammenarbeit mit einem Testspieler gegenpolaren Geschlechts (ist man Frau also Mann oder andersrum) sehr harmonisch verläuft. Auch in diesem Punkt solltest du mir vertrauen, denn dies ist keine Schikane, sondern basiert auf Erfahrung. Ein Kollege oder Freund als Testspieler ist auch eine gute Idee. Die erste Entwicklungsphase schafft man zu zweit schneller als mit nur einem Hirn.

1.8 Was das System kann und was nicht

Das System erlaubt dir, ohne Programmiererfahrung ein Adventure zu erstellen und bietet Automatismen, die das Erstellen eines lauffähigen Spielgerüsts leicht machen:

- Die Räume sind in einem Raster angeordnet. In jedem Raum können die vier Himmelsrichtungen freigegeben oder gesperrt werden. Das Spiel reagiert entsprechend auf die Richtungsbefehle. Die Räume werden nachgeladen, Raumbilder und Beschreibungstexte angezeigt und die zugeordnete Musik abgespielt.
- Für jeden Gegenstand gibt man an, ob er tragbar ist oder nicht und das Spiel reagiert entsprechend auf die Befehle `nimm` und `verliere`. Für alle anderen Befehle gibt das Spiel eine passende Standardantwort aus. Alle Reaktionen des Spiels, die von diesen automatischen Reaktionen abweichen sollen, müssen von dir festgelegt werden.

Es gibt aber auch einige Beschränkungen:

- Die Verben und die automatischen Reaktionen darauf sind festgelegt.
- Die Datenstrukturen des Spiels sind relativ statisch. Dadurch sind die Anzahl der Räume, Objekte und Texte, aber auch die

Anzahl und Komplexität der Abfragen und Reaktionen begrenzt. Es sind aber durchaus umfangreiche Spiele möglich.

- Das Erscheinungsbild des Players lässt sich nicht anpassen. Du kannst dir die Quelltexte herunterladen und ändern oder auch dein eigenes Playerprogramm schreiben; die Datenstrukturen sind im Anhang dokumentiert.
- Die „Variablen" des Spiels sind lediglich Flags mit den Zuständen „an" und „aus". Es gibt keine numerischen Variablen und keine Zählbefehle.
- Die Objekte im Spiel kennen keine Zustände. Eine gefüllte, eine leergetrunkene und eine zerbrochene Weinflasche müssen als getrennte Objekte angelegt werden.
- Objekte haben kein Gewicht oder Volumen, es gibt keine Behälterobjekte.
- Es gibt keine Befehle mit Platzhaltern für Objekte, wie „Verschiebe das im Befehl genannte Objekt ins Inventar" oder „Zeige den Beschreibungstext für das Objekt des Befehls". Das bedeutet, dass z.B. die Reaktion auf untersuche für jedes Objekt extra codiert werden muss.

Kapitel 2
Es geht los - dein erstes Adventure

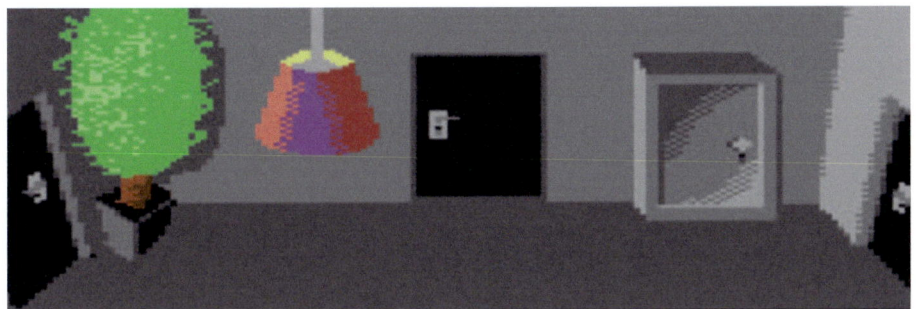

Mach einen Tisch frei, und besorge dir einen mittleren Stapel Papier – mit Vorteil kariertes. Dazu einige Stifte, Bleistifte, Radiergummi und auf jeden Fall einen feinen farbigen Stift (Rot, Blau, Grün). Ein Notizblock wäre auch ganz gut. Diesen kannst du auch unauffällig zur Arbeit mitnehmen und dort noch einige Notizen machen. Nun, wenn du alles bereit liegen hast, kann es weitergehen.

2.1 Die Raummatrix

Das ganze Spiel findet an verschiedenen Schauplätzen statt, zwischen denen sich der Spieler bewegt. Wir bezeichnen die Schauplätze hier als Räume. Jeder Raum wird in einer eigenen Datei gespeichert und enthält jeweils ein Bild, Texte und raumspezifische Spiellogik.

Das D42-System unterstützt bis zu 128 Räume, die in 8 Reihen zu je 16 Räumen angeordnet sind, wie in Abbildung 2-1 gezeigt. Dein erstes Adventure sollte sich auf wenige Räume beschränken, so wie es im Demoadventure der Fall ist.

00	01	02	03	04	05	06	07	08	09	0a	0b	0c	0d	0e	0f
10	11	12	13	14	15	16	17	18	19	1a	1b	1c	1d	1e	1f
20	21	22	23	24	25	26	27	28	29	2a	2b	2c	2d	2e	2f
30	31	32	33	34	35	36	37	38	39	3a	3b	3c	3d	3e	3f
40	41	42	43	44	45	46	47	48	49	4a	4b	4c	4d	4e	4f
50	51	52	53	54	55	56	57	58	59	5a	5b	5c	5d	5e	5f
60	61	62	63	64	65	66	67	68	69	6a	6b	6c	6d	6e	6f
70	71	72	73	74	75	76	77	78	79	7a	7b	7c	7d	7e	7f

Abbildung 2-1
Die Anordnung der 128 möglichen Räume: Die Raumnummern haben die Form yx, wobei y die Reihe und x die Spalte darstellt. Die Raumnummerierung ist vom Hexadezimalsystem entlehnt, in dem statt zehn Ziffern sechzehn verwendet werden: 0 bis 9 und a bis f. Die „Sechzehnerstelle" entspricht der Reihennummer (0-7), die „Einerstelle" der Spaltennummer (0-f). Es ist also leicht zu erkennen, welche Räume über- bzw. nebeneinander liegen. Der Ursprung, Raum 00, liegt links oben, somit liegt z.B. Raum 13 über Raum 23.

Am besten zeichnest du diese Matrix einmal auf ein freies Blatt Papier, möglichst groß und vor allem richtig nummeriert. Die Nummerierung sollte in den Feldern nicht allzu viel Platz wegnehmen, weil hier Platz für Notizen und Ähnliches bleiben muss. Dies ist vergleichbar mit einem Kalender. Zuerst brauchst du eine Idee für eine Story. Diese spielt in einer ganz bestimmen Gegend, die man dann in verschiedene Felder unterteilen kann. Im Demoadventure ist dies Maulbronn, eine kleine Stadt in Deutschland. In Abbildung 2-2 siehst du die linke obere Ecke der Raummatrix, die Räume, aus denen das Demoadventure besteht. Hier erkennst du, wie ich diese Stadt in einige wichtige Schauplätze aufgeteilt habe und jedem dieser Schauplätze einen Namen zugeordnet habe. Dies ist der wichtigste Schritt, denn jede Szene/jeder Raum ist eine kleine Story für sich, die mit den anderen Räumen zusammen einen Sinn bzw. ein Adventure ergibt; eine Art Puzzlespiel für Computerfreaks.

Die Räume an sich müssen interessant sein, denn ein langer Feldweg oder eine freie Grasfläche hat nur einen gewissen Reiz, wenn man da noch andere Dinge machen könnte als in eine andere Richtung wieder davonzulaufen. Die wichtigen Schauplätze im kleinen Demoadventure sind also hier die Kneipe auf Feld 21, der Tante-Emma-Laden auf Feld 10, die Post auf Feld 01, das Kloster mit dem Weinkeller auf den Feldern 02 und 12. Alle diese Schauplätze werden vom Mittelfeld - dem Platz vor der Post – verbunden. Der Platz an sich ist nutzlos, hat aber in Verbindung mit den vier Hauptschauplätzen eine wichtige Funktion.

Der D42-Player enthält eine automatische Behandlung für die Richtungsbefehle Norden, Süden, Osten und Westen: Soweit die Spiellogik nichts anderes vorgibt, lädt der Player automatisch den Raum, der in der Raumkarte in der entsprechenden Richtung angrenzt. So kann der Spieler im Startraum des Demoadventures (11) mit dem Befehl Westen nach Raum 10 gehen. Er kann von dort jedoch nicht nach Norden zu Raum 00 gehen, weil diese Richtung hier ge-

00	01	02	03	04
Intro	Postamt	Weinkeller		
10	11	12	13	14
Tante-Emma-Laden	Vor dem Postamt	Vor dem Kloster		
20	21	22	23	
	Kneipe			
30	31	32		

Abbildung 2-2
Raumkarte des Beispieladventures

sperrt ist: Es erscheint die Meldung *In diese Richtung kann ich nicht gehen!*. Was hat es damit auf sich?

Wie du auf Abbildung 2-2 erkennst, sind einige Linien dicker gezeichnet als andere. Dasselbe solltest du auch auf deiner Karte machen, jedoch wenn möglich mit einer gut erkennbaren Farbe (z.B. Rot). Mit diesen Linien markierst du die „Wände" im Adventure: Sie grenzen die Schauplätze nach außen ab und verhindern das Betreten nicht existierender Räume. Die entsprechenden Richtungsbefehle sperrst du in den Räumen. Du kannst in jedem Raum jede Bewegungsrichtung einzeln freigeben oder sperren. Wichtig ist, in jedem Raum die Richtungen zu sperren, in denen kein angrenzender Raum existiert. Aus diesem Grund sind z.B. in Raum 21 im Beispieladventure die Richtungen Westen, Süden und Osten gesperrt. Außerdem sperrst du die Verbindungen zwischen Räumen, zwischen denen ein Übergang nicht sinnvoll ist. Im Demoadventure sind das die Post (01) und der Weinkeller (02).

Diese Begrenzungen können, wie fast alle Standardreaktionen des Systems, mit Hilfe von Logikbedingungen umgangen werden. So ist es zum Beispiel möglich, dass der Spieler anfänglich nicht in eine bestimmte Richtung gehen kann, weil dort ein Türsteher wartet, den man erst ablenken muss. Nachdem man das geschafft hat, wird der Weg freigegeben.

Diese Grenzen nehmen dir nur die gröbste Arbeit ab, lassen dir mehr Zeit für das Wesentliche. Später kannst du immer noch mit diesen Grenzen spielen, im kleinen Adventure solltest du aber die wichtigsten Dinge des Systems kennenlernen.

Zerlege jetzt also deine Story in einige Hauptschauplätze, die man betreten kann. Dazu kommen dann später vielleicht noch einige Nebenräume, in die man nur unter bestimmten Voraussetzungen kommt. Generell können die Räume beliebig angeordnet sein: Du kannst die Richtungsbefehle in der Spiellogik abfangen und daraufhin in beliebige Räume springen.

Verteile nun alle wichtigen Schauplätze deines Adventures auf die Räume. Der Raum 00 ist dabei tabu, weil dieser später für das Intro verwendet wird. Dieser „Introraum" wird beim Spielstart geladen und enthält das Introbild und den Introtext. Du kannst hier zum

Beispiel den Titel des Spiels und die Namen der Beteiligten unterbringen. Wie das genau funktioniert, erfährst du später. Es bleiben für das Adventure aber alle restlichen Räume von 01 – 7f.

2.2 Adventureentwicklung im Schnelldurchgang

Anlegen der Spieldiskette

Nachdem du jetzt die Pläne zu deinem Adventure gezeichnet und die Sache durchdacht hast, ist es nun an der Zeit das Spiel aufzubauen.

Im Folgenden wird beschrieben, wie du ein Rohgerüst des Spiels auf Diskette anlegst. Es enthält alle Dateien des Projekts, die später mit Inhalt gefüllt werden. Diese Vorgehensweise ist nicht zwingend nötig, hat aber den Vorteil, dass das Adventure von Anfang an spiel- und testbar ist.

Du benötigst eine leere Disk, auf die du als erstes File den D42-Player kopierst. Wenn du von Anfang an mit Musik arbeiten willst, kopiere die Musiken ebenfalls unter den Namen M0, M1 usw. auf die Disk. Wenn das geschafft ist, lädst du den D42-Editor und startest diesen. Gleich nach dem Start gehst du ins Diskmenü und speicherst ALLE DATENFILES auf die Disk.

Anlegen der Räume

Jetzt erzeugst du nacheinander alle benötigten Räume. Wenn dein Spiel über eine Diskettenseite hinausgeht, solltest du die Räume so aufteilen, dass zusammenhängende Bereiche auf deiner Raumkarte, in denen der Spieler oft hin- und herlaufen wird, auf der gleichen Diskseite angelegt werden. Bedenke hierbei, dass die Raumdateien noch größer werden: Ein Raum mit Bild und Texten belegt gepackt in der Regel ca. 25 Blöcke, maximal 32.

Zu jedem Raum gehören ein Multicolor-Bild und ein Beschreibungstext, die beim Betreten des Raums angezeigt werden, eine Musik und die Information, in welche Richtungen man von diesem Raum gehen kann. Wann du die Raumbilder und Musiken einfügst, ist Geschmackssache. Einerseits sind sie ziemlich wichtig für die Atmosphäre des Spiels, andererseits machen sie einen Großteil der Ladezeiten aus.

- Gib im Raumdatenmenü eine (wenn auch nur provisorische) Raumbeschreibung ein. Dieser Text erscheint bei jedem Betreten des Raums, vermeide es also, Personen oder Gegenstände zu erwähnen, die flexibel eingebaut sind. Beende die Eingabe mit F1.
- Setze die Richtungssperren entsprechend deiner Raumkarte.
- Wenn du willst, lade die Grafik zu diesem Raum ein.
- Stelle die Musiknummer ein: z.B. auf Null, um eine Musik mit dem Dateinamen M0 zu laden, oder auf ff, um keine Musik zu spielen.
- Nun wählst du die Funktion RAUM SPEICHERN UNTER im Diskmenü und stellst die richtige Raumnummer ein. Das Raumfile wird nun angelegt.

Anlegen des Introraumes

Nachdem du diese ersten Arbeiten erledigt hast, musst du noch einen Introraum anlegen, um das Adventure lauffähig zu machen. Beim Starten des Players wird nach den allgemeinen Daten als erstes der Raum 00 geladen und die acht Raummeldungen als fortlaufender Scrolltext angezeigt. Wenn der Spieler den Feuerknopf drückt, wird der Aktionsteil der ersten Bedingung im Raum ausgeführt, wo sich u.a. ein Sprung in den eigentlichen Startraum des Spiels befinden sollte.

- Wähle im Raumdaten-Menü den Punkt RAUMTEXTE und bearbeite die Texte.
- Gehe dann in den Raumbedingungs-Editor und stelle die Bedingung Nummer 00 ein. Klicke auf das Kreuz unter der Nummer 00, um die Aktionsliste zu öffnen. Wähle nun den ersten Eintrag der Aktionsliste in der linken Spalte an. In dem Menü, das nun erscheint, wählst du den Punkt SPRUNG ZU RAUM an. Klicke nun noch auf die Raumnummer in der rechten Spalte und wähle den korrekten Startraum des Spiels aus.
- In dieser ersten Befehlsliste kannst du auch dem Spieler beliebige Dinge direkt nach dem Start auf den Weg geben. Füge dazu vor

den Sprung zu Raum verschiedene Gegenstand in Besitz ein.
Du kannst auch Flags setzen. Die anderen Aktionstypen sind hier
nicht sinnvoll.

- Speichere den Raum unter der Nummer 00.

Zwischenstand
Auf der Diskette sollten nun folgende Dateien stehen:
- D42-Player
- M0 (Musikfile)
- NW (Gegenstandskarte)
- BA (Allgemeinbedingungen)
- 0J und 02 (Objektdateien)
- 00 (Introraum)
- die Räume des Spiels: beim Demoadventure sind dies 01, 02, 10,
  11, 12, 21
- FL (Flagnamen, wird nur vom Editor benutzt)

Alles klar soweit? Das Adventure ist nun voll lauffähig. Du kannst
das Spiel schon jetzt mit dem Player starten und spielen. Ich liste
hier noch die restlichen Arbeiten an dem Adventure in der „richtigen" Reihenfolge auf:

Objekte
Erstelle alle sichtbaren und unsichtbaren Objekte mit dem Objekt-
editor. Danach verteilst du die verschiedenen Objekte auf die Räume. Bis zu 56 Objekte können als Sprites dargestellt werden. Die
Sprites bieten sich für Objekte an, die du im Bild zeigen, aber nicht
fest einzeichnen willst, da der Spieler sie mitnehmen kann. Die Sprites erstellst du extern in einem Spriteeditor und lädst sie dann in den
D42-Editor, wo sie auf den Raumbildern platziert werden können.
Du kannst die Sprites auch erstmal weglassen und später einfügen.
Ob Sprites oder nicht, vergiss nicht, die Objekte und die Gegenstandskarte zu speichern. Die Objektdateien 0J und 02 enthalten
die Namen der Objekte und ggf. die Sprites; die Gegenstandskarte
NW enthält die Zuordnung auf die Räume.

Story

Erstelle den grundlegenden Plot deines Adventures, dies ist der grobe Ablauf der Story. Erstelle dazu die notwendigen Bedingungen und teste das Adventure dann. Vergiss nicht eine Endsequenz (SQ) zu erzeugen oder einen einfachen Textschluss einzubauen.

Feinarbeit

Verfeinere die Story mit Gags, Geheimräumen, zweiten Wegen, vielleicht mit Sackgassen und Fallen. Setze jetzt die verschiedenen Musikstücke ein. Vergiss dabei nicht, dass die Musik bei einem Wechsel immer nachgeladen werden muss und Wartezeiten für den Spieler erzeugt.

Bilder und Raumbeschreibungen

Falls noch nicht geschehen, arbeite nun die Raumbeschreibungen fertig aus und versehe die Räume mit Grafiken.

Fertigstellung

Mach die Endversion des Spiels und teste mit verschiedenen Leuten zusammen das Spiel, bis es perfekt ist. Benutze den Trackgenerator um eine schnelle Version zu erzeugen. Style das Directory. Dein Adventure ist nun fertig!

Kapitel 3
Ein Stapel Theorie

Ja, du ahnst es schon – diese Anleitung ist kein Buch, das sich flüssig lesen lässt. Zuerst musst du dich mit dem System vertraut machen. Auch wenn die nachfolgenden Seiten sehr theorielastig sind, so hat sich gezeigt, dass auch blutige Anfänger mit geringen C64-Basic-Kenntnissen sich – mit etwas Hilfe – in das D42-System einarbeiten konnten und umfangreiche Adventures schreiben können. Ich erläutere in den nächsten Zeilen das komplette System und dessen Aufbau.

Die nächsten Abschnitte, 3.1, 3.2 und 3.3 erläutern den Aufbau der Raum- und Objektfiles und der Allgemeindaten; du musst sie nicht unbedingt verstehen, um mit dem System zu arbeiten. Die Abschnitte 3.4 und 3.5 sind dagegen essenziell zum Verständnis des Systems. Fange kein ernsthaftes Projekt an, bevor dir klar ist, wie die dort beschriebene Auswertung der Spielerbefehle funktioniert.

3.1 Aufbau der Raumfiles

Das ganze Adventure baut auf verschiedenen Räumen auf, die nach einem starren Prinzip angeordnet sind. Jeder Raum ist in sich ein eigenes kleines Adventure, welches zusammen mit den anderen Räumen ein großes Adventure ergibt – ähnlich wie ein Puzzlespiel. Das Kernstück ist eine Liste von bis zu 32 Bedingungs-Aktions-Blöcken („Raumbedingungen"), die die Reaktionen auf die Spielerbefehle bestimmen, sowie eine Angabe, in welche Richtungen man sich in diesem Raum bewegen kann.

Außerdem enthält jeder Raum eine Raumbeschreibung, die beim Betreten ausgegeben wird, acht Texte, ein Bild, optional Koordinaten für Objektsprites sowie eine Musiknummer. Diese Daten befinden sich gepackt in einem Raumfile, das sich mit dem Namen $00 - $7f auf der Disk befindet. Hier noch eine klare Auflistung, was sich im Raumfile findet:

- Die Raumbeschreibung (wird beim Betreten des Raumes ausgegeben)
- Das Raumbild (Multicolorbitmap mit 160 Pixel Breite und 96 Pixel Höhe)
- Die Positionen von bis zu 8 Objektsprites auf dem Bild
- Die Musiknummer
- 48 Zeilen Textspeicher, eingeteilt in 8 Blöcke à 6 Zeilen
- Bedingungen
- Gesperrte Richtungen

3.2 Objekte und Objektsprites

Jedes Objekt hat einen Namen aus bis zu 15 Zeichen und kann als „unbewegliches Objekt" und als „Person" markiert werden. Ein unbewegliches Objekt kann nicht „genommen" werden. Versucht man es, erscheint die Meldung *Ich kann das nicht nehmen!*. Dieser Objekttyp ist eingebaut für Dinge wie Türen, Fenster oder ähnlich unverrückbare Dinge. Mit einer Person kann man reden, man kann sie aber nicht „einschalten" oder ähnlich sinnloses Zeug mit ihr machen. Der Parser fängt solche Befehle mit entsprechenden Meldungen ab, sofern du keine eigenen Reaktionen darauf definierst.

Die Datei 0J enthält 56 Objekte mit den Nummern $00 bis $37. Jedem dieser Objekte kann ein Hires- oder Multicolor-Sprite zugeordnet werden, das in einem Raumbild positioniert wird. Dieser Bereich ist am besten für Objekte geeignet, die anfänglich im Bild erscheinen und später verschwinden sollen, zum Beispiel, weil der Spieler sie mitgenommen hat.

Die Datei 02 enthält weitere 64 Objekte mit den Nummern $40 bis $7f. Diesen Objekten können keine Sprites zugewiesen werden. Dieser Bereich sollte für Objekte verwendet werden, die nicht sichtbar oder fest im Bild eingezeichnet sind.

Neben den Objekten und den Raumdateien übernimmt das File NW eine zentrale Funktion im Adventure. In dieser so genannten Gegenstandskarte findest du die Verteilung der Objekte im Adventure auf die Räume. Grundsätzlich können sich maximal acht Objekte gleichzeitig in einem Raum befinden. Die Gegenstandskarte ist also eine Tabelle von 128 mal 8 Objektnummern. Platzierst du ein Objekt in einem Raum, so wird dies in dieser Tabelle eingetragen. Wenn du also im Editor Objekte in Räumen platzierst, danach aber vergisst, das File NW zu speichern, so fehlen die neu platzierten Objekte in den entsprechenden Räumen. Das Speichern von Dateien wird in Abschnitt 4.2 erklärt.

Während des Spiels wird diese Tabelle oft umgestellt, wenn der Spieler z.B. ein Objekt nimmt oder wieder verliert. Interessant dabei ist die Funktion des 8. Bits der Tabelleneinträge. Ist es gesetzt, so erscheint das Objekt nicht als Sprite auf dem Bild, sondern nur in der Objektliste des Raums. Ein Sprite kann also nur vom Bild gelöscht werden, nicht aber wieder erscheinen. Das liegt vor allem daran, dass die Position der Sprites als Festwerte in den Raum-Files gespeichert sind. Wenn ein Gegenstand, der durch ein Sprite dargestellt wird, genommen wird, geht die Assoziation zwischen diesem Objekt und der Spriteposition verloren. Selbst wenn der Gegenstand wieder im selben Raum abgelegt wird, ist der Player nicht in der Lage, ihn mit der Spriteposition in Verbindung zu bringen. Wird er in einem anderen Raum abgelegt, gibt es gar keine Positionsangabe für das Sprite.

3.3 Die allgemeinen Daten

Nicht minder wichtig ist das File **BA** auf der Disk. In diesem File sind die Allgemeindaten enthalten, die im ganzen Spiel gelten. Zum einen sind das 64 Allgemeinbedingungen. Diese werden nach jedem Befehl des Spielers ausgewertet, wenn keine Bedingung im aktuellen Raum auf den Befehl passt. So ist es z.b. möglich, dass man an jeder beliebigen Stelle im Adventure eine Flasche Wein austrinken kann und danach nur noch eine leere Flasche in seinem Besitz hat. Mit diesen Bedingungen sollte man natürlich vorsichtig umgehen, da sie ja für das ganze Adventure gelten. Grundsätzlich unterscheidet sich aber das Format nicht von dem der Raumbedingungen. Zum anderen enthält das File 16 Allgemeinmeldungstexte, die im ganzen Spiel verfügbar sind.

3.4 Die Flags

Flags sind Variablen, die entweder den Wert 0 (falsch/nicht gesetzt) oder 1 (wahr/gesetzt) haben können. Diese Variablen können in den Bedingungen der Spiellogik abgefragt und in den Aktionen gesetzt oder gelöscht werden. Es gibt insgesamt 64 Flags, die beim Spielstart alle auf 0 stehen.

Mit Hilfe der Flags kannst du dir alle möglichen Arten von Zuständen merken. Angenommen, es gibt im Spiel eine verschlossene Tür, die der Spieler erst mit einem Schlüssel aufsperren muss. Hierzu verwendest du ein Flag mit der Bedeutung „Tür geöffnet". Das Flag ist am Spielanfang gelöscht, und du setzt es erst, wenn der Spieler einen Befehl wie **Benutze Schlüssel** oder **Kombiniere Schlüssel mit Tür** gibt. Für den Befehl **Öffne Tür** legst du zwei Bedingungen an. Die erste überprüft zusätzlich, ob das Flag auf 0 steht und gibt den Text *Die Tür ist verschlossen* aus. Die zweite spricht an, wenn das Flag gesetzt ist, und versetzt den Spieler in den Raum hinter der Tür.

Zur besseren Übersicht kannst du den Flags im Editor Namen geben. Wie das geht, ist in Kapitel 4.3.4 beschrieben.

3.5 Auswertung von Spielerbefehlen

Der Player mit dem eingebauten Parser ist wohl der wichtigste Teil des Adventures. Nur wenn du ihn kennst, weißt du auch, wie er sich verhält.

Das Spiel wird über Befehle aus einem Verb und null bis zwei Objekten (Norden, Nimm Bierdeckel, Kombiniere Flasche mit Korken) gesteuert.

Die Spiellogik, also die Reaktionen auf die Befehle des Spielers, wird in Form von Bedingungs-Aktions-Blöcken beschrieben. Im Beispiel-Adventure kann man eine leere Flasche im Laden abgeben und bekommt daraufhin Pfandgeld. Abbildung 3-1 zeigt die dazugehörige Logik im Editor. Um auf den Befehl Gib leere Flasche zu reagieren, stellt man in einer Bedingung das Verb Gib und das

Abbildung 3-1
Dieser Bedingungs-Aktionsblock beschreibt, wie eine leere Flasche durch eine Münze ausgetauscht wird.

Objekt `leere Flasche` ein. Zu dieser Bedingung gehört ein Block von bis zu sechs Aktionen. Dort wird ein Text ausgegeben, die leere Flasche aus dem Besitz des Spielers entfernt und dafür eine Münze ins Inventar eingetragen.

Jedesmal, wenn der Spieler einen Befehl eingegeben hat, erfolgt eine Verarbeitung in drei Stufen:

Stufe 1: Raumbedingungen

Stufe 2: Allgemeinbedingungen

Stufe 3: Standardreaktionen

Der eingegebene Befehl wird zunächst mit den Bedingungen im aktuellen Raum verglichen. Falls eine Bedingung „passt", werden die dazugehörigen Aktionen ausgeführt und die Verarbeitung beendet, falls nicht, werden die Allgemeinbedingungen durchsucht.

Wenn zu einem Spielerbefehl keine zutreffende Raum- oder Allgemeinbedingung gefunden wurde, führt der Player eine fest einprogrammierte Standardreaktion aus.

Nimm: Wenn es sich um einen Gegenstand handelt, dieser Gegenstand tragbar und noch Platz im Inventar ist, wird der Gegenstand ins Inventar eingefügt und eine entsprechende Meldung laut der folgenden Tabelle ausgegeben. Falls das Objekt eine Person oder nicht tragbar ist, wird das Objekt nicht ins Inventar eingefügt und ebenfalls eine passende Meldung ausgegeben.

Verliere: Wenn das Objekt im Besitz des Spielers ist und im Raum eine der acht Objektpositionen frei ist, wird das Objekt im Raum abgelegt.

Norden, Süden, Osten, Westen: Wenn die betreffende Richtung freigegeben ist, wird der entsprechende Raum geladen.

andere Verben: In allen anderen Fällen wird nur eine Standardantwort ausgegeben.

Tabelle 3-1 beschreibt den Zusammenhang zwischen Verb, Objekttyp und Antworten. Falls also der Bierdeckel im obigen Beispielbefehl tragbar ist und der Spieler ihn aufsammeln können soll, brauchst du dafür keine eigenen Bedingungen einzutragen. Er wird automatisch aus dem Raum entfernt, im Inventar eingetragen und es erscheint die Antwort *Ok, ich hab's genommen.*

Wie du vielleicht erkennst, funktioniert das System schon völlig unabhängig von deiner Story, die du schreibst. Deine Aufgabe ist es nur, durch gezieltes Sperren und Freigeben einzelner Optionen einen komplexen Spielablauf zu generieren, welcher einen Spieler an den Bildschirm fesselt. Grundsätzlich vertraut der Parser immer auf den Spielersteller – also dich. Deine Kommandos haben immer Vorrang und umgehen dabei die Standardfunktionen des Parsers.

Tabelle 3-1
Die Standardantworten des Players. Die Antworten hängen vom Verb und vom Typ des Objekts ab; bei nimm, gib, verliere und den Richtungsbefehlen außerdem davon, ob der Befehl ausgeführt werden konnte. Bei den Richtungsbefehlen erscheint die Meldung *Ich kann nicht in diese Richtung gehen.*, falls die Richtung gesperrt ist.

Befehl	Gegenstand		Person
	tragbar	nicht tragbar	
öffne	1	1	2
verschiebe	1	1	2
ein	1	1	2
benutze	1	1	2
kombiniere	1	1	2
untersuche	13	13	13
gebe	3 oder 10	3 oder 10	2
nimm	4, 9 oder 12	5 oder 12	2 oder 12
verliere	6, 10 oder 11	6, 10 oder 11	6, 10 oder 11
rede mit	7	7	8

Nr.	Text	Anmerkung
1	*Das scheint nicht zu funktionieren!*	
2	*Seit wann kann man denn das?*	
3	*Das will scheinbar niemand!*	
4	*Ich hab's genommen!*	danach befindet sich das Objekt im Inventar
5	*Das kann ich nicht nehmen!*	
6	*Und weg isses!*	danach befindet sich das Objekt im Raum
7	*Mach doch mal ne Pause....*	
8	*Die Person gibt keine Antwort!*	
9	*So viel kann ich nicht tragen!*	Inventar voll
10	*Das besitze ich gar nicht!*	Objekt aus Raum angewählt
11	*Hier ist kein Platz dafür!*	schon 8 Objekte im Raum
12	*Das habe ich schon genommen!*	Objekt aus Besitz angewählt
13	*Ich entdecke nichts Ungewöhnliches!*	

Kapitel 4
Der Editor

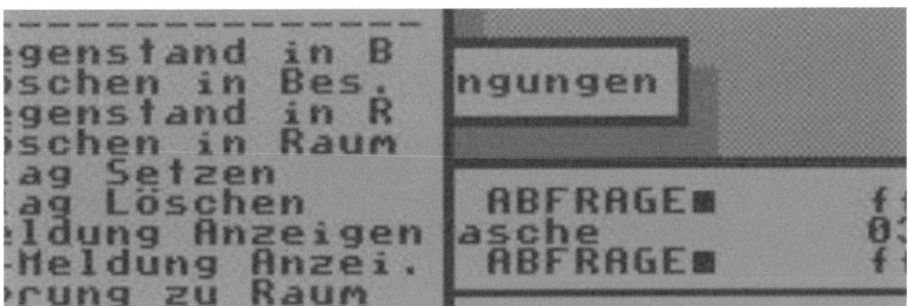

Der Editor lässt sich kinderleicht bedienen und erfordert nur wenig Kenntnisse über das System und dessen Datenformat.

4.1 Die Steuerung

Der D42-Editor wird per Joystick oder Maus gesteuert, wobei die Bedienung mit der Maus wesentlich komfortabler ist.

4.1.1 Menüsystem

Nach dem Programmstart erscheint am oberen Rand des Bildschirms die Hauptmenüzeile, in der man zwischen drei Sparten wählen kann: Diskettenoperationen, Allgemeindaten und Raumdaten. Unter Allgemeindaten verstehen wir die raumübergreifenden Daten, die im ganzen Spiel verwendet werden, im Raumdaten-Menü werden die raumspezifischen Informationen bearbeitet.

Sobald eine Funktion aus einem der drei Menüs angewählt wird, verschwindet das Hauptmenü, und man muss erst die Funktion beenden oder abbrechen, um ins Hauptmenü zurückzukehren.

Fast alle Funktionen können abgebrochen werden, indem man außerhalb des aktuellen Fensters den Button betätigt. Funktioniert dies nicht, so muss die Funktion über einen speziellen Punkt im Fenster abgebrochen werden. Wird ein Vorgang abgebrochen, so wird in den meisten Fällen auch die Eingabe rückgängig gemacht. Eine allgemeine Undo-Funktion gibt es jedoch nicht, deshalb sollte man häufig speichern.

Erscheint statt dem Mauszeiger eine Uhr, so ist der Computer beschäftigt und man kann keine Eingaben über den Mauszeiger machen. Die Uhr erscheint auch, wenn man Eingaben über die Tastatur machen muss.

4.1.2 Tastatureingaben

Für Dateinamen, Diskbefehle, Objekt- und Flagnamen (einzeilige Tastatureingaben) gilt: Übernehmen der Eingabe mit Return oder F1, Abbruch und Verwerfen der Eingabe mit Stop oder Leereingabe. Leereingabe bedeutet eine leere Eingabe, d.h. alle evtl. eingegebenen Zeichen löschen und Return drücken.

Beim Editieren von Raumbeschreibungen, Raum- und Allgemeintexten gilt: Übernehmen mit F1, Abbruch mit Stop.

4.2 Das Diskmenü

Das Diskmenü ist die Ein-/Ausgabeschnittstelle des Editors. Hier kann man alle Dateien des Adventures laden, speichern und löschen. Das Diskmenü ist zweistufig aufgebaut: Im Grundmenü, zu sehen in Abbildung 4-1, befinden sich die Funktionen zum Laden und Speichern von Räumen, zum Senden von Befehlen an die Floppy und zum Auswählen des Laufwerks, auf das sich die Diskettenoperationen beziehen. Für alle anderen Dateien des Spiels wählt man zuerst

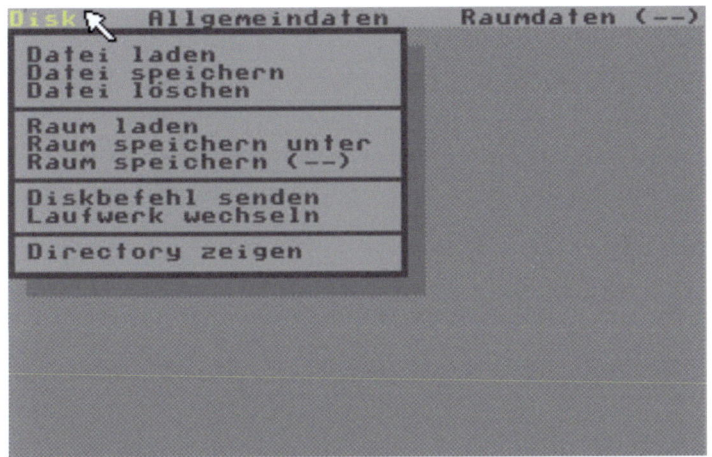

Abbildung 4-1
Das Diskmenü

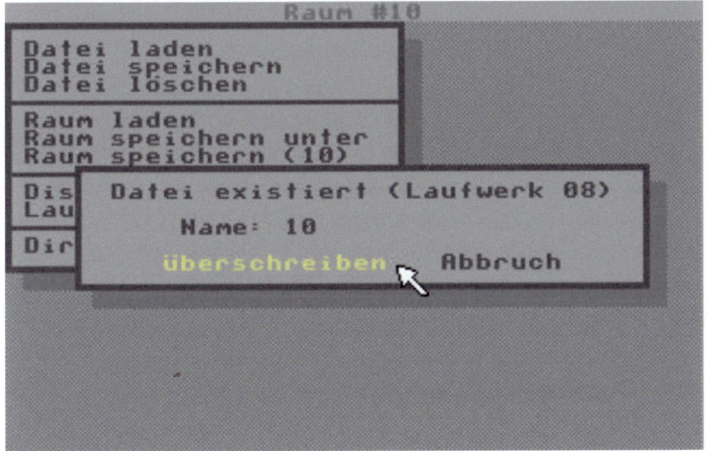

Abbildung 4-2
Abfrage vor dem
Überschreiben einer
Datei

die Operation (Laden, Speichern oder Löschen) und dann in einem Untermenü die Datei.

Vor dem Überschreiben oder Löschen einer existierenden Datei fragt der Editor nach (Abbildung 4-2). Bei Diskettenfehlern erscheint ein Fenster mit der Fehlermeldung (Abbildung 4-3) und der Möglichkeit, den Befehl zu wiederholen oder abzubrechen.

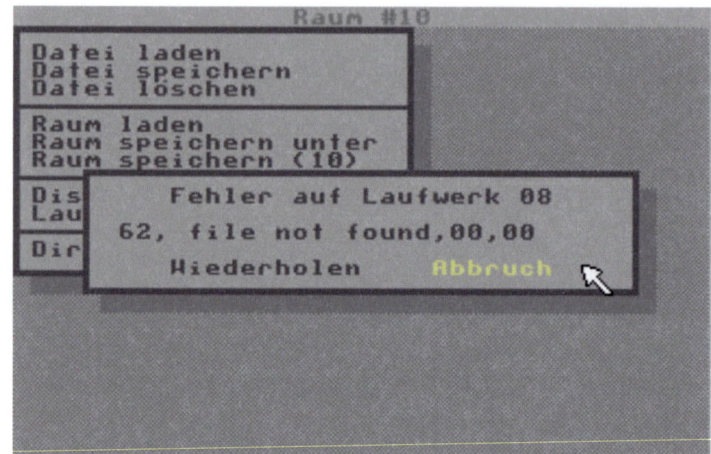

Abbildung 4-3
Eine Diskettenfeh-
lermeldung

4.2.1 Raum laden

Lädt einen Raum. Nach dem Anwählen dieser Funktion öffnet sich
das in Abbildung 4-4 gezeigte Fenster, in dem die Raumnummer
gewählt wird. Es zeigt eine Matrix aus 8x16 Pluszeichen, die der
Raummatrix bzw. der Karte deines Adventures entspricht; wenn der
Mauszeiger über der Matrix steht, wird links oben die entsprechende Raumnummer angezeigt. Stelle die gewünschte Raumnummer
ein und drücke Feuer.

4.2.2 Raum speichern unter

Dieser Befehl packt die Daten für den aktuellen Raum und speichert
sie unter einer wählbaren Raumnummer, die als aktuelle Raumnummer des Editors gesetzt wird. Die Auswahl der Raumnummer
funktioniert wie beim Punkt RAUM LADEN.

4.2.3 Raum speichern

Der aktuelle Raum wird gepackt und unter der festgelegten Raum-

Abbildung 4-4
Auswahl der Raum-
nummer. Hier ist
Raum 10 angewählt.

nummer gespeichert. Sollte noch keine Raumnummer gesetzt sein,
verhält sich dieser Punkt wie RAUM SPEICHERN UNTER.

4.2.4 Diskbefehl senden

Hier kann ein Befehl an die Floppy gesendet werden.
Um z.B. einen Raum zu löschen, gibt man den Befehl S : xy, wobei S
für Scratch, also Löschen, steht und xy für die Raumnummer.

4.2.5 Laufwerk wechseln

Es erscheint eine Box, in der eines der aktiven Laufwerke angewählt
werden kann. Die als „aus" gekennzeichneten Laufwerke können
nicht gewählt werden. Tritt die Situation auf, dass keines der vier
Laufwerke eingeschaltet ist, so bricht man die Funktion einfach ab,
indem man außerhalb des Fensters klickt.

4.2.6 Directory anzeigen

Dieser Punkt listet die PRG-Dateien auf.

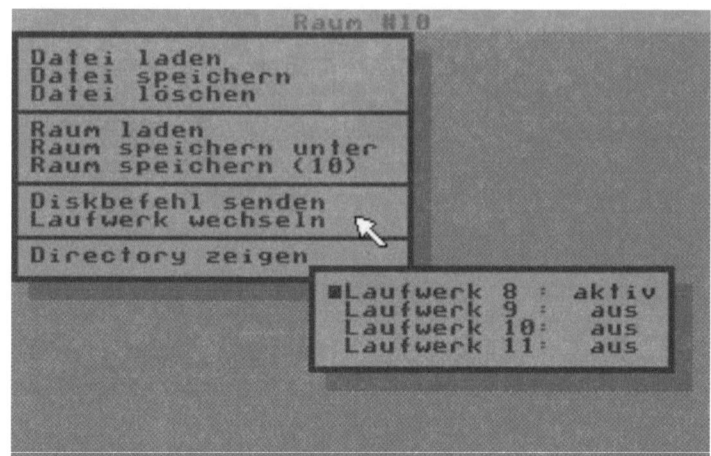

Abbildung 4-5
Laufwerk wechseln-
Menü

4.2.7 Datei laden, speichern, löschen

Nachdem einer dieser drei Punkte angewählt wurde, erscheint ein weiteres Menü, in dem man die Datei auswählt. Ich fasse daher diese Funktionen in einem Textabschnitt zusammen. Alle Funktionen beziehen sich auf Laden, Speichern und Löschen.

Alle Datenfiles
Lädt, speichert oder löscht die Datenfiles: Gegenstandskarte, allgemeine Daten, Objektfiles und die Flagnamen, also alle raumübergreifenden Spieldaten. Vor dem Speichern fragt der Editor nach, ob existierende Dateien automatisch überschrieben werden sollen. Wenn ein Diskettenfehler auftritt und bei der Fehlermeldung WIEDERHOLEN gewählt wird, wird der aktuelle Lade-/Speichervorgang wiederholt; bei ABBRUCH wird dagegen der Gesamtvorgang abgebrochen.

Gegenstandskarte
Lädt, speichert oder löscht die Gegenstandskarte (NW).

Allgemeine Daten
Lädt, speichert oder löscht die Allgemeinbedingungen (BA).

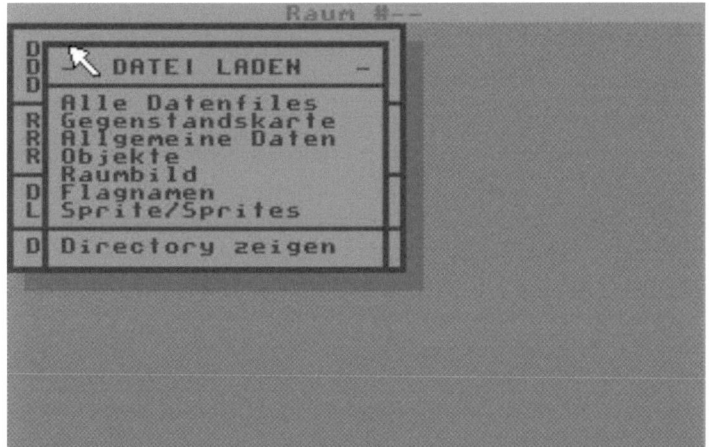

Abbildung 4-6
Das Dateimenü

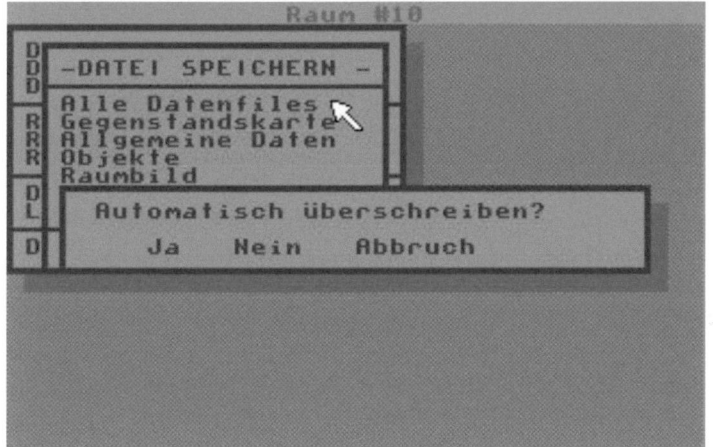

Abbildung 4-7
Automatisches
Überschreiben

Objekte

Lädt, speichert oder löscht die beiden Objekt-Files (0J, 02). Tritt beim ersten File ein Fehler auf, wird bei Auswahl von ABBRUCH der

Gesamtvorgang abgebrochen.

Flagnamen

Lädt, speichert oder löscht die Datei FL.

Raumbild

Lädt oder speichert das Bild zum aktuellen Raum. Beim Laden erscheint ein Untermenü zur Auswahl des Dateiformats: Koalapainter, Amica Paint, Paint Magic oder dem internen Format Pic. Pic ist vergleichbar mit dem Koalapainter-Format, speichert aber nur die oberen zwölf Zeilen, die auch im Spiel zu sehen sind. Nach der Auswahl des Formats muss der Dateiname eingegeben werden. Hierbei müssen alle Präfixe mit eingegeben werden, wobei Sonderzeichen durch ? ersetzt werden können. Das Koalapainter-Präfix wird als ?pic eingegeben, das [b] von Amica Paint als ?b?.

Gespeichert wird immer im Pic-Format. Beim Löschen wird einfach ein beliebiger Dateiname abgefragt.

Sprite/Sprites

Wählt man diesen Punkt, erscheint beim Laden oder Speichern die Objektauswahl-Box, in der das zu ladende oder speichernde Sprite angewählt wird. Zugelassen sind natürlich nur die sogenannten „Sprite-Objekte" mit Nummern kleiner als $38. Beim Laden wird einfach das vollständige File an die gewählte Position geladen. Man kann also in einem Spriteeditor mehrere Sprites in der richtigen Reihenfolge erstellen und zusammen in ein File abspeichern, das einfach im Editor geladen wird. Beim Speichern wird dagegen nur das ausgewählte Sprite gespeichert.

4.3 Das Allgemeindatenmenü

In dieser Sparte werden alle raumübergreifenden Daten editiert, die sich auf das ganze Spiel auswirken.

4.3.1 Bedingungen

Unter diesem Punkt werden die Allgemeinbedingungen editiert. Die Details befinden sich in Abschnitt 4.5.

4.3.2 Texte

Unter diesem Menüpunkt befindet sich der Editor für die Allgemeintexte (auch „Allgemeinmeldungen" genannt). Diese Funktion wird auch aus dem Aktionseditor aufgerufen, wenn der Parameter einer A.-MELDUNG ANZEIGEN-Aktion angeklickt wird.

Wie in Abbildung 4-8 zu sehen ist, wird jeweils ein Textblock mit sechs Zeilen angezeigt. Mit den Menüpunkten <+> und <-> kann der Textblock ausgewählt werden. Nach dem Anwählen eines Textblocks erscheint unten rechts zunächst nur die Textnummer. Durch Anklicken einer Zeile im Text wird zusätzlich die Zeilennummer gesetzt.

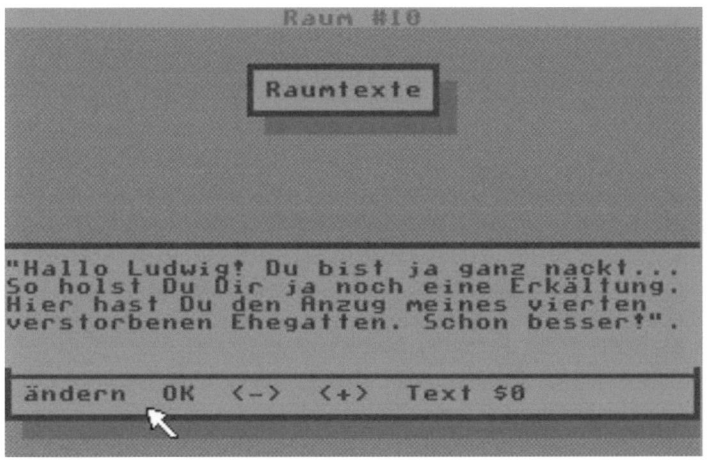

Abbildung 4-8
Der Editor für Raum- und Allgemeintexte. ÄNDERN dient zum Editieren des Textes. Mit OK wird die Funktion verlassen, mit <+> <-> wird die Textnummer eingestellt. Durch Klicken in den Text kann die Zeilennummer festgelegt werden.

Mit ÄNDERN wird der eigentliche Texteditor aufgerufen. Im Editor wird mit der F1-Taste die Eingabe beendet und die Änderungen abgespeichert. Mit der Stop-Taste wird dagegen die Eingabe abgebrochen und die Änderungen verworfen. Die weiteren Tasten sind in Tabelle Tabelle 4-1 aufgelistet.

Taste	Zeichen/Funktion
@ / Shift-@	ü / Ü
: / [	ö / Ö
; /]	ä / Ä
z / y	y / z
< / >	: / ;
Shift + / Shift -	< / >
£	ß
↑	Textendemarke
F1	Eingabe beenden, Änderungen speichern
Stop	Abbrechen, Änderungen verwerfen
Insert	Umschalten zwischen Einfügen und Überschreiben
Home	Cursor auf die linke obere Ecke setzen
Clear	Text löschen

Tabelle 4-1
Die Tastenbelegung im Texteditor ähnelt der einer QWERTZ-Tastatur, es wurden also auch y und z vertauscht.

Mit OK oder durch Klicken außerhalb des Fensters wird das Textmenü verlassen. Wenn das Textmenü aus dem Aktionseditor heraus aufgerufen wurde, wird mit OK die eingestellte Text- und ggf. Zeilennummer in die Aktion übernommen, durch Klicken außerhalb wird dagegen die alte Einstellung beibehalten.

Die Zeilennummern-Angabe hat folgende Bedeutung: Ist keine Zeilennummer gesetzt, gibt die Player-Aktion (`Allgemein`) `Meldung anzeigen` alle sechs Zeilen aus. Ist sie dagegen gesetzt, geht die Ausgabe von der gewählten Zeile bis zum Ende der nächsten Zeile, die ein Endekennzeichen (Pfeil nach oben) enthält. Auf diese Weise kann man den Textspeicher effizienter nutzen, wenn man viele kurze Texte benutzen will. Abbildung 4-9 zeigt ein Beispiel. Das

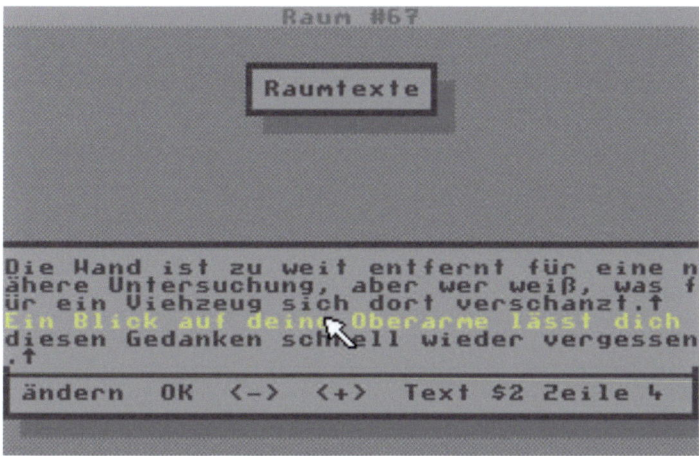

Abbildung 4-9
Auf dieser Textseite sind zwei getrennte Texte untergebracht, in Zeile 1–3 und Zeile 4–6. Der Pfeil nach oben ist das Endekennzeichen. Der Mauszeiger markiert Zeile 4.

Endekennzeichen muss sich nicht unbedingt am Ende des Textes befinden, sondern kann irgendwo in der letzten Zeile stehen, die ausgegeben werden soll. Man kann also die Zeile bis zum Ende beschreiben und das Endezeichen an die Stelle eines Leerzeichens setzen. Es wird bei der Ausgabe wieder durch ein Leerzeichen ersetzt. Außerdem kann das Endezeichen in einem anderen Textblock stehen. Es ist also möglich, beispielsweise von Text 1, Zeile 5 bis Text 2, Zeile 1 auszugeben.

4.3.3 Objekte

Im Objekteditor legt man die Objekte des Spiels an, versieht sie mit Namen, stellt ihre Eigenschaften ein und verteilt sie auf die Räume. Abbildung 4-10 zeigt das dazugehörige Fenster.

Anfänglich haben alle Objekte leere Namen. Will man den Namen des Objekts editieren, so kann dieses Objekt angewählt werden. Es erscheint ein Eingabefenster, in dem eine neue Objektbezeichnung

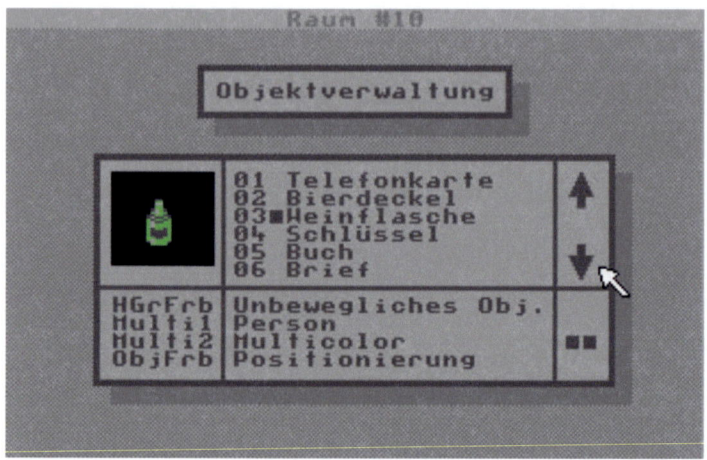

Abbildung 4-10
Das Objektmenü: oben rechts die Liste, die mit den Pfeilen gescrollt werden kann.
Alle Operationen beziehen sich auf das mit ▪ markierte Objekt. Den ersten 56
Objekten lässt sich ein Sprite zuordnen, das oben links angezeigt wird. Unten die
Optionen UNBEWEGLICH und PERSON, außerdem die Farbeinstellungen.

eingegeben werden kann. Um eine Objektbezeichnung zu löschen,
einfach ein Leerzeichen als Namen eingeben.

Die ersten 56 Objekte ($00–$37) können durch Sprites dargestellt
werden. Für diese Objekte stellt man zusätzlich die Farben ein und
positioniert sie im Raumbild. Unten links befinden sich die Menüpunkte zum Einstellen der Farben:

HGrFrb Ändert die Hintergrundfarbe, also das große Rechteck hinter dem Sprite. Diese Einstellung hat keinen Einfluss auf das Spiel.

Multi1 Setzt die erste Multicolorfarbe für das komplette Spiel. Diese
Farbe ist für alle Sprites gleich.

Multi2 Setzt die zweite Multicolorfarbe für das komplette Spiel. Diese Farbe ist für alle Sprites gleich.

ObjFrb Stellt die Farbe für das aktuelle Objekt/Sprite ein. Jedes Sprite hat seine eigene Objektfarbe.

Unter der Objektliste befinden sich vier weitere Optionen, die angewählt werden können. Die aktivierten Optionen sind mit zwei Rechtecken (■■) markiert.

Unbewegliches Objekt Bestimmt, ob das Objekt genommen werden kann oder nicht. Die automatische Verarbeitung des Befehls nimm verhält sich entsprechend.

Person Bestimmt, ob das Objekt ein Gegenstand oder eine Person ist. Diese Einstellung beeinflusst die automatische Verarbeitung der Befehle, wenn keine Raum- oder Allgemeinbedingung zutrifft.

Multicolor Bestimmt, ob das Sprite im Hires- oder Multicolormodus angezeigt wird.

Positionierung Ruft ein Untermenü auf, in dem man das Objekt im aktuellen Raum platzieren kann.

Alle Einstellungen, die in diesem Menü gemacht werden, wirken sich auf die Objektdaten (OJ und O2) aus. Nach Änderungen müssen diese also auf Disk aktualisiert werden.

Positionieren von Objekten

Wählt man den Punkt POSITIONIERUNG, so erscheint das Fenster in Bild Abbildung 4-11. Dieser Punkt gehört eigentlich in die Sparte RAUMDATEN. In der rechten Spalte sind alle Objekte aufgeführt, die sich im aktuellen Raum befinden. Der Wert $FF ist ein Platzhalter und bedeutet „kein Objekt". Wählt man eins dieser acht Felder an, so erscheint ein Auswahlfenster, in dem das Objekt eingestellt werden kann.

Um ein Spriteobjekt auf dem Bild zu platzieren, wählt man neben dem Spriteobjekt den Punkt POS. Es erscheint daraufhin das Raum-

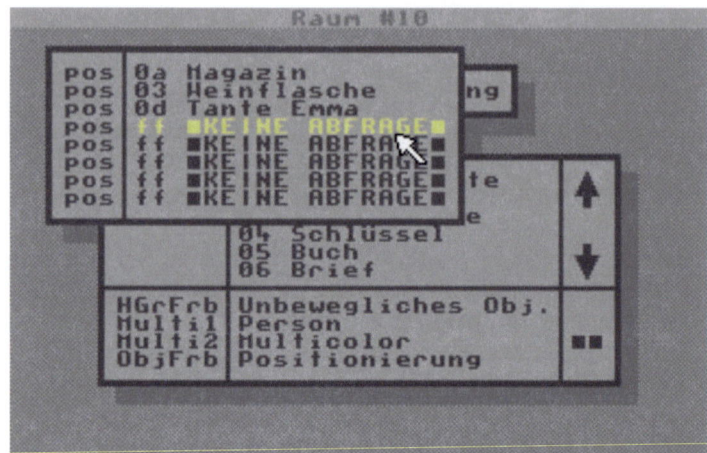

Abbildung 4-11
Das Objekt-Positio-
nierungsfenster

bild und der Mauszeiger verwandelt sich in das betreffende Objekt. Dieses kann nun an einer beliebigen Stelle im Bild platziert werden.

Die hier getroffene Verteilung der Objekte auf die Räume stellt den Startzustand des Spiels dar. Sie wird in der Gegenstandskarte **NW** gespeichert. Nach Änderungen muss diese Datei also auf der Disk aktualisiert werden.

Die Positionen der Sprites werden dagegen in den Raumdaten abgelegt. Nach dem Positionieren muss also die Raumdatei gespeichert werden!

4.3.4 Flags

In diesem in Abbildung 4-12 gezeigten Fenster können die 64 Flags eingesehen und benannt werden. Die Flags sind anfänglich lediglich durchnummeriert und erscheinen z.B. als „Flag 16". Du kannst aber die Pluszeichen am rechten Rand anklicken, um einen Namen einzugeben oder zu ändern. Dieser Name erscheint dann in den Flagabfragen und Flag setzen/löschen-Aktionen. Die Namen werden im File **FL** gespeichert.

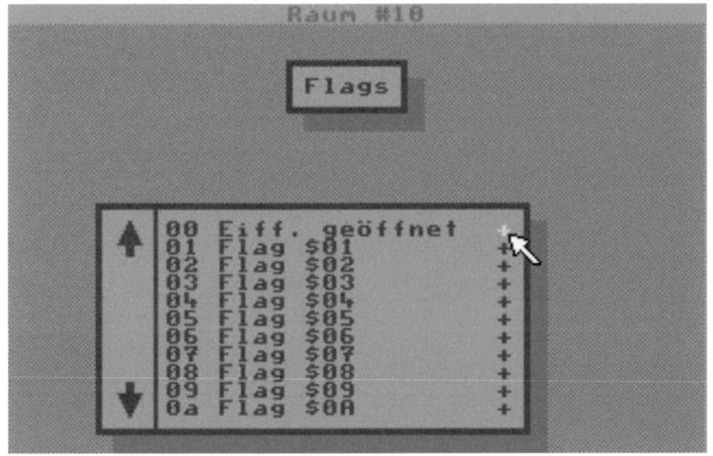

Abbildung 4-12
Die Flagliste. Klicke
auf das Pluszeichen
rechts, um einen
Namen festzulegen.

4.3.5 Löschen

Nach einer Sicherheitsabfrage werden die Allgemeindaten gelöscht.

4.4 Das Raumdatenmenü

In dieser Sparte (Abbildung 4-13) werden alle Einstellungen gemacht, die sich auf den aktuell editierten Raum beziehen.

4.4.1 Raumbedingungen

Unter diesem Menüpunkt wird die Bedingungs-Aktionsliste des aktuellen Raums editiert, siehe Abschnitt 4.5.

4.4.2 Raumtexte

Hier werden die Texte des aktuellen Raums bearbeitet. Die Bedienung ist wie bei Allgemeintexten, siehe Abschnitt 4.3.2.

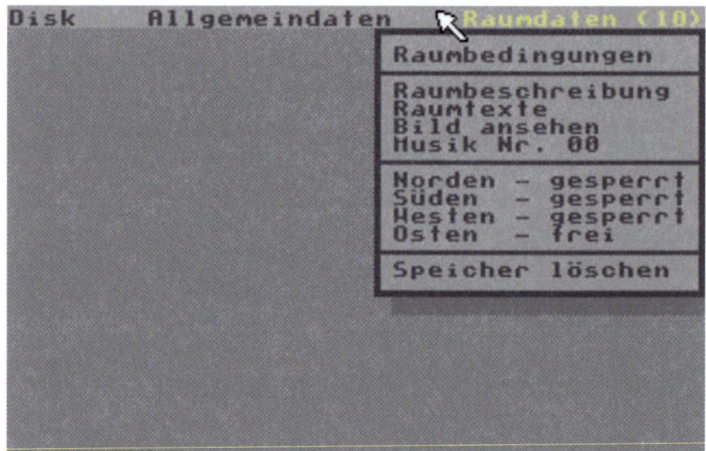

Abbildung 4-13
Das Raumdaten-
Menü

4.4.3 Raumbeschreibung

Die Raumbeschreibung wird genauso bearbeitet wie die Raum-
und Allgemeintexte. Dieser Text erscheint bei jedem Betreten des
Raums. Es sollte deshalb vermieden werden, Gegenstände oder Personen im Raum zu erwähnen, welche verändert oder verschoben
werden können.

4.4.4 Bild betrachten

Wählt man diesen Punkt, erscheint das aktuelle Raumbild. Mit
einem weiteren Druck auf den Button wechselt man wieder zur
Menüebene.

4.4.5 Musiknummer

Hier wird die Nummer der Musik festgelegt, die im aktuellen Raum
spielen soll. Die genaue Funktion hängt vom Player ab. Bei dem mitgelieferten Player gibt die rechte Ziffer die zu ladende Datei an. Man
kann im Spiel also bis zu 16 Musiken verwenden, die auf Diskette
mit den Filenamen **M0** bis **MF** abgelegt sind. Die linke Ziffer ist ein

Parameter, der der Musik bei der Initialisierung im Akku übergeben wird. Normalerweise ist sie 0; bei Musiken, die mehrere Stücke enthalten, kann man hier die Nummer des Stücks angeben. Stelle die Musiknummer auf $ff ein, um im aktuellen Raum keine Musik zu spielen.

4.4.6 Norden, Süden, Westen und Osten

Durch Anklicken der vier Himmelsrichtungen können diese Richtungen für den aktuellen Raum freigegeben oder gesperrt (blockiert) werden. Die Bedeutung dieser Sperren wurde in Kapitel 2.1 beschrieben.

4.4.7 Löschen

Hiermit werden nach einer Sicherheitsabfrage die Raumdaten im Speicher gelöscht.

4.5 Das Editieren der Spiellogik

Sowohl in den Allgemeindaten als auch in jedem Raum gibt es eine Liste von Bedingungs-/Aktionsblöcken, die die Reaktion auf die Befehle des Spielers bestimmen (Abbildung 4-14). Ein Bedingungs-/Aktionsblock entspricht einem „if Bedingung then Aktionen" in Basic. Jeder Bedingungs-/Aktionsblock besteht aus einer Verbabfrage und bis zu drei Objekt- oder Flagabfragen, bis zu sechs Aktionen, die ausgeführt werden, wenn die Abfragen erfüllt sind und einer Angabe, was nach dem Ausführen der Aktionen passieren soll.

Verbabfrage: Auf der linken Seite kann eine Verbabfrage eingestellt werden. Durch Anklicken wird ein Menü ausgeklappt, aus dem du ein Verb auswählen kannst. Nur Bedingungen, deren Verb dem eingegebenen Befehl entspricht, werden weiter ausgewertet. Im Ausgangszustand wird hier eine Linie aus Bindestrichen angezeigt. Diese Linie entspricht keinem Verb; damit ist die Be-

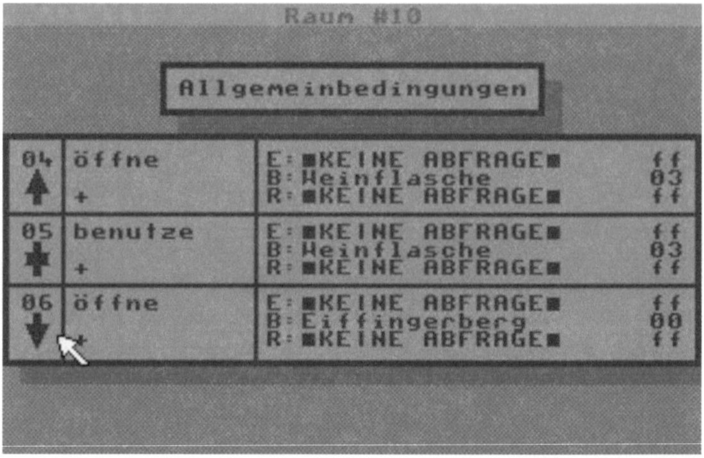

Abbildung 4-14
Bedingungen

dingung nicht erfüllt und wird in jedem Fall übersprungen. Auf diese Weise kannst du einen Bedingungs-/Aktionsblock einfach testweise deaktivieren, ohne ihn gleich zu löschen. Der Eintrag VERB EGAL ist das Gegenstück zur gestrichelten Linie – das Verb im Befehl wird ignoriert. Man kann hiermit also eine Bedingung erstellen, die unabhängig vom Verb im Spielerbefehl ist und nur z.b. vom Objekt oder dem Zustand eines Flags abhängt. Hierzu ein Beispiel: Angenommen, der Spieler steht im Spiel vor einer Atombombe, die er nur entschärfen kann, indem er einen bestimmten Gegenstand mit der Bombe verwendet (kombiniert). Dazu setzt du zuerst eine Bedingung, die genau diesen Befehl erkennt und behandelt. Dahinter erstellst du eine Bedingung, bei der das Verb egal ist, und als Objekt die Bombe eingetragen ist. Diese Bedingung schlägt an, sobald der Spieler versucht, irgendetwas anderes mit der Bombe zu tun, und könnte z.B. einen Text ausgeben, der besagt, dass der Versuch erfolglos war.

Objektabfragen: Rechts kannst du bis zu drei Objektabfragen eintragen. Da eine Objektabfrage dann erfüllt ist, wenn das angegebene Objekt im Befehl enthalten ist, ist normalerweise auch nur eine Objektanfrage sinnvoll (außer bei `kombiniere`, das zwei Objekte hat). Je nach Position werden die Objektabfragen unterschiedlich interpretiert: In der mit B markierten Position muss das Objekt im Spielerinventar (Besitz) enthalten sein, in Position R dagegen im Raum. In Position E ist es egal, wo sich das Objekt befindet.

Flagabfragen: An jeder der drei Positionen rechts kann auch eine Flagabfrage eingetragen werden, d.h. es kann überprüft werden, ob ein Flag gesetzt oder gelöscht ist. Die Positionskennzeichnungen (E, B, R) sind hier ohne Bedeutung.

Aktionen: Wenn alle Teilabfragen erfüllt sind, werden die Aktionen ausgeführt. Die Teilabfragen werden grundsätzlich und-verknüpft, d.h. die Bedingung ist nur erfüllt, wenn alle Teilabfragen erfüllt sind.

Auswertungsmodus: Hier wird eingestellt, was passiert, nachdem die Bedingung erfüllt und die Aktionen ausgewertet sind. Im Normalfall wird die Befehlsauswertung dann beendet, man kann sie aber weiterführen lassen, um spezielle Effekte zu erzielen. Näheres hierzu siehe Abschnitt 5.10.

4.5.1 Editieren der Bedingungen

Mit den Pfeilen am linken Rand bewegt man sich durch die Liste, wobei immer nur die mittlere Bedingung editiert werden kann.

Die einzelnen Teilabfragen können durch Anklicken editiert werden. Rechts daneben wird jeweils die Byte-Codierung dargestellt; diese Hexadezimal-Zahlen können angewählt und manuell auf beliebige Werte gestellt werden. Das ist dann sinnvoll, wenn man mit einem modifizierten oder selbstgeschriebenen Player arbeitet, der Funktionen unterstützt, die der Editor nicht kennt.

Klickt man das Verb an (bzw. die am Anfang eingestellte Linie), so erscheint eine Liste mit allen Verben des Players. Man kann nun ein

Verb aus dieser Liste anwählen, um die Bedingung zu ändern oder außerhalb klicken, um das Verb beizubehalten.

Ähnlich stellt man die Objekt-/Flagabfragen auf der rechten Seite ein. Wählt man eine der drei Positionen an, erscheint zunächst das Menü in Abbildung 4-15, aus dem man den Typ der Abfrage auswählt: Objekt, Flag gesetzt, Flag gelöscht oder gar keine Abfrage. Danach erscheint ggf. das Auswahlfenster für Objekte oder Flags.

Hinweis: Aufgrund der Codierung der Abfragen kann das letzte Flag ($3f) nur auf den Zustand „gesetzt" getestet werden; eine Abfrage auf „gelöscht" entspricht „keine Abfrage".

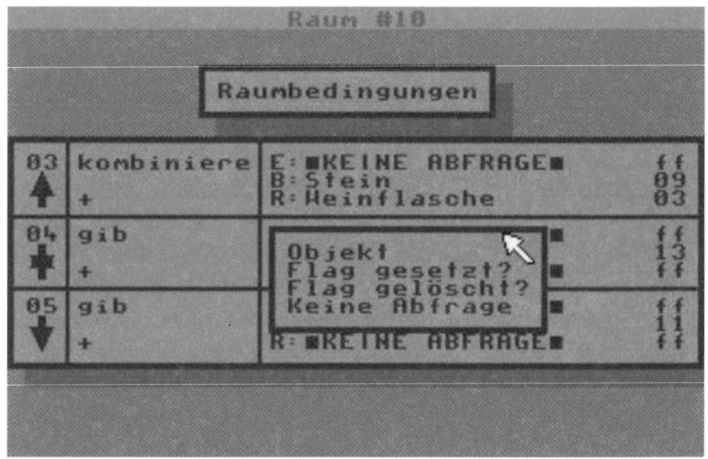

Abbildung 4-15
Das Auswahlmenü
für Objekt- und
Flagabfragen

4.5.2 Editieren der Aktionen

Durch Klicken auf das Kreuz (✚) unter der mittleren Bedingungsnummer wird der Aktionsblock, wie in Abbildung 4-16 gezeigt, „ausgeklappt" und kann editiert werden. Die Liste ist in zwei Spalten unterteilt: links die Aktionen und rechts deren Parameter.

Die Aktionen und Parameter können durch Anklicken geändert werden. Wählt man eine Aktion an, so erscheint eine Liste mit allen

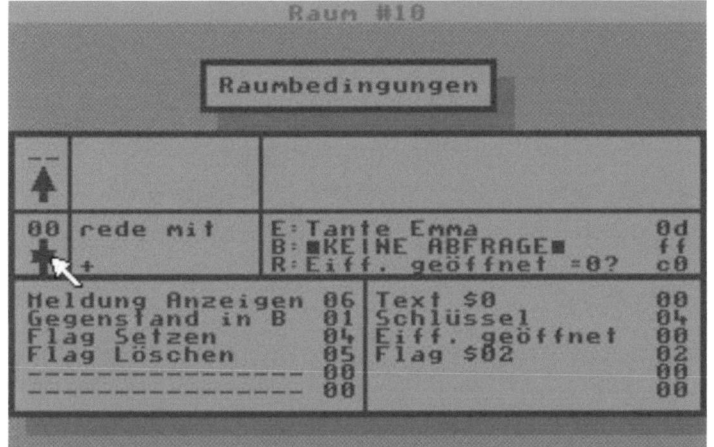

möglichen Aktionen. Nach dem Auswählen einer Aktion verändert sich der Parameter-Eintrag in der rechten Spalte entsprechend. Eine durchgehende Linie aus Minuszeichen bedeutet eine leere Aktion, die bei der Ausführung einfach übersprungen wird.

Wie schon bei den Bedingungen befindet sich am rechten Rand der beiden Spalten die Byte-Codierung der Aktionen und ihrer Parameter und kann manuell geändert werden.

4.5.3 Kopieren, Einfügen und Löschen von Bedingungen

Die Nummer der mittleren Bedingung lässt sich auch anklicken. Daraufhin erscheint das in Abbildung 4-17 gezeigte Menü, in dem man Bedingungs-/Aktionsblöcke einfügen, löschen und kopieren kann. Vorsicht: Diese Operationen lassen sich nicht rückgängig machen.

Mit EINE EINFÜGEN wird an dieser Stelle eine leere Bedingung eingefügt. Oft ist die Reihenfolge der Bedingungen wichtig, da diese ja sequenziell abgefragt werden. Alle weiteren Bedingungen verschieben sich damit eine Position gegen das Ende der Liste. Die letzte Bedingung der Liste geht dabei verloren, das ist bei den Raum-

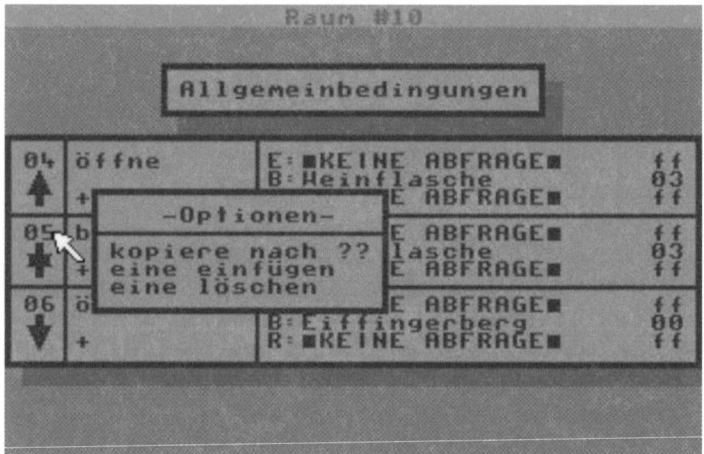

Abbildung 4-17
Das Editiermenü für Bedingungslisten öffnet sich beim Klicken auf die Nummer der mittleren Bedingung (siehe Pfeil). Hier kann man Bedingung 5 an eine andere Stelle kopieren, löschen oder eine leere Bedingung an dieser Position einfügen.

bedingungen die Nummer $1F und bei den allgemeinen Bedingungen die Nummer $3F. Wählt man den Punkt EINE LÖSCHEN, wird die aktuelle Bedingung gelöscht und am Ende der Liste eine leere Bedingung eingefügt.

Bei Anwahl von KOPIERE NACH ?? erscheint eine weitere Box, in der man die Zielnummer einstellen kann. Danach wird die aktuelle Bedingung kopiert, dabei wird eine evtl. an dieser Stelle vorhandene Bedingung überschrieben.

4.6 Die Aktionen

Abbildung 4-18 zeigt das Auswahlmenü für die Aktionen hinter einer Bedingung. Es gibt folgende Gruppen von Aktionen:
• Gegenstände ins Inventar oder in einen Raum einfügen bzw. daraus entfernen

- Flags setzen oder löschen
- Raumtexte bzw. Allgemeintexte anzeigen oder auf einen Knopfdruck warten
- in einen anderen Raum springen oder das Spiel beenden

Abbildung 4-18
Die Befehle des
D42-Systems

4.6.1 Gegenstand in Besitz

Der Parameter dieses Befehls ist ein beliebiger Gegenstand. Trifft der
Parser auf diesen Befehl, wird der nachfolgend aufgeführte Gegen-
stand in die Inventarliste des Spielers übernommen. Ist die Inven-
tarliste des Spielers voll, so wird dieser Befehl ignoriert. Aus diesem
Grund muss beim Ersetzen von Gegenständen immer erst der alte
Gegenstand entfernt werden, damit sicher Platz für den neuen ist.

4.6.2 Löschen in Besitz

Als Parameter benötigt dieser Befehl auch wieder einen beliebigen
Gegenstand. Wird dieser Befehl ausgeführt, sucht der Parser in der
Inventarliste nach dem als Parameter aufgeführten Gegenstand.

Existiert ein solcher Gegenstand in der Inventarliste, löscht der Parser diesen, ansonsten wird der Befehl ignoriert.

4.6.3 Gegenstand in Raum

Als Parameter benötigt dieser Befehl einen beliebigen Gegenstand. Trifft der Parser auf diesen Befehl, wird der angegebene Gegenstand in den aktuellen Raum gesetzt. Dabei wird ein Sprite-Gegenstand nicht angezeigt. Enthält der aktuelle Raum schon acht Gegenstände, wird dieser Befehl ignoriert. Aus diesem Grund muss beim Ersetzen von Gegenständen immer erst der alte Gegenstand entfernt werden, damit sicher Platz für den neuen ist. Ähnliches gilt für die eingebaute Behandlung des Verbs „verliere", die ja ebenfalls ein Objekt in den Raum verlegt.

4.6.4 Löschen in Raum

Der Parameter dieses Befehls ist ein beliebiger Gegenstand. Wie auch bei Löschen in Besitz sucht der Parser in dem aktuellen Raum nach dem angegebenen Gegenstand. Wird dieser im aktuellen Raum gefunden, so löscht der Parser den Gegenstand. Dabei wird auch ein etwaiges Sprite vom Bild entfernt. Wenn sich das Objekt nicht im Raum befindet, wird der Befehl ignoriert.

4.6.5 Flag setzen/löschen

Diese Befehle nehmen als Parameter ein Flag, das per Menü ausgewählt wird.

4.6.6 Meldung anzeigen

Dieser Befehl zeigt eine Raummeldung an. In der Parameterspalte erscheint die Textnummer und ggf. die Zeilennummer. Klickt man auf den Parameter, erscheint das Textmenü in dem die verschiedenen Raummeldungen editiert werden können (Abbildung 4-8).

Wenn keine Zeilennummer gesetzt ist, werden alle sechs Zeilen des angegebenen Textblocks ausgegeben. Leerzeilen am Ende werden dabei ausgelassen. Ist dagegen eine Zeilennummer gesetzt, geht die Ausgabe von dieser Zeile bis zum Ende der nächsten Zeile, die ein Endekennzeichen (Pfeil nach oben) enthält.

Befindet sich unmittelbar nach diesem Befehl einer der folgenden Befehle: `Meldung anzeigen`, `A-Meldung anzeigen`, `Sprung zu Raum` oder `Endsequenz laden`, erscheint nach dem angezeigten Text die Meldung ‚Knopf drücken'. Dabei wird die Textausgabe solange angehalten, bis der Spieler den Feuerknopf oder den linken Mausknopf betätigt.

4.6.7 Allgemeinmeldung anzeigen

Hinter diesem Befehl wird als Parameter eine Textnummer zwischen ‚0' und ‚F' angegeben. Ansonsten ist der Befehl identisch mit ‚Meldung anzeigen'.

4.6.8 Sprung zu Raum

Der Parameter dieses Befehls stellt eine Raumnummer zwischen $01 und $7f dar. Trifft der Parser auf diesen Befehl, springt er zu dem angegebenen Raum. Dabei werden alle Sperren umgangen. Der angegebene Raum muss in jedem Fall existieren, andernfalls bricht der Parser mit einem Ladefehler das Spiel ab. Bevor der neue Raum geladen wird, wird der aktuelle Aktionsblock kopiert. Wenn nach dem Sprung-zu-Raum-Befehl noch weitere Aktionen eingetragen sind, werden diese nach dem Laden des neuen Raums ausgeführt. Da die Daten des alten Raums überschrieben sind, beziehen sich die weiteren Aktionen nun auf den eben geladenen Raum. Es ist also möglich, einen Text aus dem Zielraum auszugeben oder ein Objekt dorthin zu legen.

4.6.9 Game Over

Trifft der Parser auf diesen Befehl, wird das laufende Spiel abgebrochen, eine Game Over-Meldung ausgegeben und die Intro-Sequenz nachgeladen. Die Befehle nach Game Over werden ignoriert. Die Meldung hängt vom Wert des Parameters ab, siehe Tabelle 4-2. Diesen Parameter stellt man ein, indem man den Hex-Wert rechts anklickt. Ob man diesen Befehl verwendet, d.h. ob man überhaupt Situationen zulässt, in denen das Spiel vorzeitig endet, ist eine Frage der persönlichen Philosophie.

Parameter	Meldung
0	Game Over!
1	Game Over (Schnief!)
2	Das Spiel ist aus!
3	(keine Meldung)

Tabelle 4-2
Spielende-Meldungen beim mitgelieferten Player

4.6.10 Endsequenz laden

Dieser Befehl benötigt keine weiteren Parameter. Trifft der Parser auf diesen Befehl, wird die Meldung *Knopf drücken* ausgegeben. Drückt der Spieler auf den Feuerknopf oder betätigt die linke Maustaste, erscheint in der ersten Zeile des Bildschirms die Meldung ‚Einen Moment Geduld‘, und die Endsequenz SQ wird nachgeladen. Nach dem Ladevorgang wird die Musik ausgeblendet und die Sequenz gestartet.

Mit dem Endsequenz-Editor, der dem System beiliegt, kann man einen geeigneten Abspann erzeugen. Kennst du dich mit Assembler aus, so kannst du auch deine eigene Endsequenz erzeugen. Das File muss im Bereich von $4000 bis max. $c000 liegen und wird bei $4000 gestartet.

4.6.11 Warten auf Tastendruck

Trifft der Parser auf diesen Befehl, wird die Meldung *Knopf drücken* angezeigt und das Spiel solange unterbrochen, bis der Spieler den Button betätigt. Diesen Befehl braucht man nur selten: Wenn auf eine Textausgabe unmittelbar ein weiterer Textausgabebefehl, ein Raumwechsel oder die Endsequenz folgt, wird automatisch auf einen Tastendruck gewartet.

Kapitel 5
Tipps

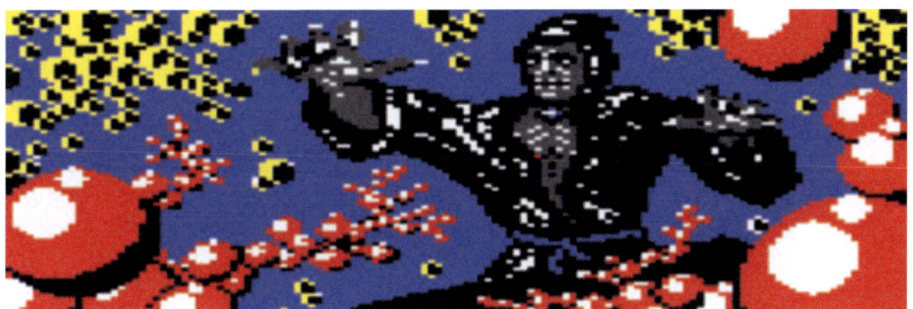

Folgende wichtige Dinge sind mir beim Testen des Editors aufgefallen. Dieses kleine Kapitel enthält auch einige Tipps und Vorschläge.

5.1 Objekt $7f und Flag $3f

Das letzte Objekt ($7f) und das letzte Flag ($3f) sind nur mit Einschränkungen verwendbar: Beim Flag $3f kann nur abgefragt werden, ob es gesetzt ist. Das Objekt $7f kann nur ins Spielerinventar eingefügt werden, nicht in einen Raum. In einer Bedingung darf es nur in Position B gesetzt werden. Wenn es benutzt wird, sollte es als UNBEWEGLICH markiert werden.

Dies liegt an der Codierung der Objekt- und Flagnummern und daran, dass der Wert $ff als nicht gesetzte Bedingung oder eine freie Objektposition in der Gegenstandskarte gilt.

5.2 Räume als Szenen

Wir sprechen in dieser Anleitung zwar von Raumfiles und Raumnummern, aber wenn das Spiel einen zeitlichen Verlauf aufweist, ist
es eine gute Idee, die Raumfiles als Szenen oder Situationen aufzu-
fassen.

Angenommen, der erste Abschnitt des Adventures spielt am Tag,
der zweite in der Nacht. In beiden Abschnitten bewegt sich der Spieler an denselben Orten. Wir möchten nun alle Orte doppelt anlegen
und die beiden Exemplare an die Situation anpassen, also mit verschiedenen Bildern für Tag und Nacht und evtl. mit unterschiedlichen Personen, Gegenständen und Texten. Wir müssen dafür sor-
gen, dass zur richtigen Zeit die richtigen Raumfiles geladen werden
und die richtigen Objekte erscheinen. Es gibt dazu zwei Möglichkei-
ten mit unterschiedlichen Vor- und Nachteilen:

Teilen der Raumkarte

Zum einen kann man die Raumkarte in zwei Bereiche von 8x8 Räumen teilen, zum Beispiel die linke Hälfte für den Tag und die rechte
für die Nacht und die Räume in jeder Hälfte entsprechend ausstat-
ten.

Da die Tag- und Nachtversion eines Raums für das System zwei
völlig unterschiedliche Räume sind, können sie auch mit unterschiedlichen Objekten belegt sein. Objekte, die am Tag in einem
Raum vorhanden sind und in der Nacht nicht mehr oder umgekehrt
erst nachts herumliegen, werden einfach im Editor entsprechend
platziert. Auch unbewegliche Objekte, die immer vorhanden sind,
können einfach in beide Versionen des Raums gesetzt werden.

Ein Problem bereiten aber Objekte, die der Spieler am Tag mitnehmen bzw. in einem Raum ablegen kann, aber nicht muss, und
die in der Nacht entsprechend vorhanden sein müssen oder nicht.
Hierfür gibt es leider keine elegante Lösung. Generell sollte man
diese Fälle vermeiden und den Spielfluss so konstruieren, dass man
alles, was man am Tag mitnehmen kann und in der Nacht braucht,
zwangsweise mitnehmen muss, bevor man weiterkommt. Das Mitnehmen oder Ablegen aller anderen Objekte kann man unterbinden

oder aber dem Spieler eine Erklärung dafür geben, dass sich in der Nacht andere Objekte in den Räumen befinden.

Falls es doch einmal nötig wird, dass ein Objekt am Tag oder in der Nacht mitgenommen werden kann, gibt es eine Lösung, die leider etwas Arbeit macht:

- Das Objekt wird im Editor in beiden Versionen des Raums platziert.
- Im Tagraum, in dem das Objekt genommen werden kann, fängt man den entsprechenden nimm-Befehl mit einer Bedingung ab. In den Aktionen entfernt man das Objekt aus dem Raum, fügt es ins Inventar ein, gibt eine Meldung aus und setzt ein Flag, mit dem sich das Spiel merkt, dass der Gegenstand genommen wurde.
- Nun nimmt man sich alle Nachbarräume des einen Nachtraums vor, aus dem das Objekt ggf. entfernt werden soll. Der Befehl gehe nach (entsprechende Richtung) wird mit einer Bedingung abgefangen, die gleichzeitig abfragt, ob das Flag gesetzt ist. In den Aktionen wird zunächst mal per Sprung zu Raum in den Zielraum gewechselt und dann per Löschen in Raum das Objekt entfernt.

Falls das Objekt im Tagraum nicht genommen wurde, ist das Flag nicht gesetzt. Die Bedingung schlägt also nicht an, und der Raumwechsel wird vom Automatismus der Engine ausgeführt. Da das Objekt im Editor im Tag- und im Nachtraum platziert wurde, erscheint es auch im Nachtraum – alles klar.

Falls das Objekt im Tagraum genommen wurde, also das Flag gesetzt ist, wird der Raumwechsel durch die Aktion ausgeführt und das Objekt entfernt.

Der umgekehrte Fall, dass man ein Objekt am Tag oder in der Nacht in einem Raum ablegen kann, funktioniert analog.

In diesem Beispiel gehen wir davon aus, dass alle Räume doppelt vorhanden sind. Es könnte aber auch Schauplätze geben, die in beiden Spielphasen gleich aussehen. Zum Beispiel ein umfangreiches Kellergewölbe, das der Spieler am Tag oder nachts betreten kann.

Angenommen, Raum $33 wäre der Kellereingang, ein Ort im Freien, der am Tag und in der Nacht unterschiedlich aussieht. Die Nacht-Version wäre z.B. Raum $3b. Nach Osten kommt man in den Keller (Raum $34), der immer gleich aussieht. Von diesem Raum braucht man nun nicht unbedingt ein zweites Exemplar in Raum $3c. Man kann auch für die Nacht den Keller in Raum $34 benutzen, wenn man dafür sorgt, dass man in der Nacht den Keller betreten und verlassen kann. Das geht folgendermaßen:

- Wir reservieren ein Flag, das anfänglich gelöscht ist und beim Übergang zur Nacht gesetzt wird.
- Im Kellereingang zur Nacht (Raum $3b) fangen wir den Befehl Osten per Raumbedingung ab und springen nach Raum $34.
- Im Keller (Raum $34) fangen wir den Befehl Westen per Raumbedingung ab, verlangen zusätzlich in der Bedingung, dass dieses Flag gesetzt ist und springen in diesem Fall in Raum $3b.

Aufteilen auf zwei Diskettenseiten

Es gibt eine zweite Möglichkeit, die auf den Eigenheiten der Diskettenfunktionen basiert. Man kann das Spiel auf zwei Diskettensei-ten verteilen, eine „Tagseite" und eine „Nachtseite". Hierbei haben gleiche Orte auf beiden Seiten dieselbe Raumnummer. Dadurch erscheinen automatisch in beiden Versionen des Raums dieselben Objekte. Objekte, die der Spieler mitnehmen oder ablegen kann, sind bei dieser Methode also unproblematisch. Stattdessen muss man tricksen, wenn sich andere Objekte beim Übergang vom Tag zur Nacht verändern sollen, wenn z.B. andere Personen vorhanden sein sollen. Ähnlich wie oben kann man das Betreten eines Nachtraums per Logikbedingung abfangen und noch ein paar Objekte in den Raum setzen oder entfernen.

Im Spiel geschieht der Übergang vom Tag- zum Nachtabschnitt, indem man in einen Raum springt, der nur auf der Nachtseite vorhanden ist. Dadurch wird ein Diskettenwechsel erzwungen. Der Vorgängerraum von der Tagseite liegt nun im Raumcache (die Engine speichert jeweils den zuletzt besuchten Raum zwischen). Deshalb darf der Raum, der als nächstes besucht wird, nicht die gleiche Raumnummer haben wie der gecachete Raum.

Folgendes ist noch zu beachten:

- Alle Räume und Musiken müssen auf der jeweiligen Diskettenseite vorhanden sein, da wir während eines Spielabschnitts keine Diskwechsel wollen. Übrigens können die Musiken verschiedensein.
- Der Spieler kann einfach durch Umdrehen der Diskette in den anderen Spielabschnitt wechseln. Beim Speichern des Spielstands ist das kein Problem, wenn du die Diskettenseiten mit dem TT-Generator durchnummeriert hast (siehe Kapitel 8), da nach dem Speichern bzw. Laden des Spielstands wieder die richtige Diskettenseite des Spiels angefordert wird.

5.3 Auslagern von Texten in Extraräume

Dieses Konzept, ein Raumfile als eine Situation zu betrachten, kann man auch auf kurze, vorübergehende Situationen beziehen. Du kannst also für eine spezielle Situation in einen Extraraum springen und später wieder zurück. Eine wesentliche Verwendung hierfür ist das Auslagern von Texten.

Angenommen, du willst in einer bestimmten Spielsituation eine größere Menge an Text ausgeben, als im Raum noch frei ist. Du kannst diese Texte in einen anderen Raum eintragen. In dem Aktionsblock, in dem diese Texte ausgegeben werden sollen, springst du zuerst in diesen Raum, gibst dann einige Texte aus und springst später zum Ausgangsraum zurück.

5.4 Die Verwaltung der Objekte im Spiel

Man sollte meinen, jedes Objekt habe immer genau eine Position. In der Regel gibt es in Adventures eine Liste, in der zu jedem Objekt vermerkt ist, an welcher Position sich dieses Objekt befindet: im Inventar, in einem Raum oder „nirgendwo".

Im D42-System gibt es stattdessen eine feste Menge von Positionen: acht in jedem Raum und das Inventar. Jede dieser Positionen kann leer sein oder eine Objektnummer enthalten. Die Aktionen, die ein Objekt in einem Raum oder im Inventar ablegen, überprüfen nicht, ob sich der Gegenstand schon dort befindet, sondern es wird rücksichtslos ein weiteres „Exemplar" davon erzeugt. Es ist also ohne weiteres möglich, dass ein Objekt in einem Raum oder im Inventar mehrfach oder dass dasselbe Objekt an mehreren Orten gleichzeitig vorhanden ist; „Bilokation" sozusagen.

Das bedeutet einerseits, dass man sicherstellen muss, dass man nicht versehentlich ein Objekt in einen Raum/ins Inventar einfügt, das dort schon vorhanden ist. Andererseits braucht man mehrfach auftauchende Objekte wie eine Tür oder Goldstücke nur einmal anzulegen.

5.5 Vorsicht beim Platzieren von Objekten in einem Raum

Falls die Aktion `Gegenstand in Raum` nicht ausgeführt werden kann, weil sich schon acht Objekte im Raum befinden, passiert nichts weiter. Nun will man dem Spieler in manchen Situationen Gegenstände geben. Wenn man in so einem Fall einfach das Objekt in den Raum einfügen lässt, aber im Raum liegen bereits acht Objekte, so wird das Objekt nicht eingefügt, sondern verschwindet einfach, was zu einer Sackgasse im Spiel führen kann.

Um solche Situationen zu vermeiden, sollte man folgende Regeln beachten:
- Man fügt keine Gegenstände hinzu, sondern tauscht sie aus, d.h. man entfernt vorher einen Gegenstand, um Platz für den neuen zu schaffen.
- Wenn man im voraus weiß, dass man in einen bestimmten Raum später im Spiel ein Objekt einfügen will, kann man per Raumbedingung verbieten, dass der Spieler dort Gegenstände ablegt. Dazu erzeugt man eine Raumbedingung für das Verb `Verliere` ohne weitere Abfragen, die eine Meldung ausgibt, dass man hier nichts ablegen kann.
- Man gibt dem Spieler den Gegenstand direkt (einfügen ins In-

ventar). Dort ist Platz für 128 Gegenstände, also für alle, sofern keine Gegenstände mehrfach ins Inventar gelangen können.

5.6 Anzahl der Objekte begrenzen

Manche Objekte werden ab einem bestimmten Punkt im Spiel nicht mehr gebraucht. Überlege dir, diese Objekte nach Benutzung zu entfernen. Außerdem muss nicht jedes Objekt, das in der Realität tragbar wäre, auch im Spiel aufnehmbar sein. Gib dem Spieler ruhig auch mal die Antwort *Das brauchst du nicht!*. Dadurch wird das Inventar überschaubarer und die Anzahl möglicher Befehle geringer. Das hilft dem Spieler, vor allem, wenn er mal nicht weiter weiß, und auch dir, weil es Abfragen spart. Man kann auch mit wenigen Inventarobjekten ein interessantes Spiel schreiben.

5.7 Mehrere Objekte gleichen Namens

Erinnerst du dich an die Erklärung der Flags am Anfang und das Beispiel der verschlossenen Tür? Dort wurde der Zustand eines Objekts (Tür verschlossen oder unverschlossen) in einem Flag gespeichert, das beim Befehl `Benutze Tür` mit abgefragt wurde.

Eine alternative Methode ist es, zwei verschiedene Objekte für die Tür zu verwenden, die den gleichen Namen haben, aber unterschiedliche Objektnummern und somit intern unterschieden werden können. Angenommen, Objekt 1 sei die verschlossene Tür und Objekt 2 die unverschlossene. Im Editor platzierst du Objekt 1 im Raum. Im Spiel ersetzt du auf den Befehl `Benutze Schlüssel` hin Objekt 1 durch Objekt 2. Auf den Befehl `Benutze` mit Objekt 1 reagierst du mit der Ausgabe *Die Tür ist verschlossen*, auf `Benutze` mit Objekt 2 hin wird der Spieler in einen anderen Raum versetzt.

Diese Methode hat Vor- und Nachteile gegenüber der Verwendung von Flags:

- Sie spart ein Flag, benötigt aber ein zusätzliches Objekt.
- In den Bedingungen braucht kein Flag abgefragt zu werden. An-

dererseits ist es aber nicht möglich, den Zustand unabhängig vom Objekt abzufragen.

- Da es sich intern um unterschiedliche Objekte handelt, müssen Abfragen, die unabhängig vom Zustand sind, entsprechend vervielfältigt werden.
- Auf dieselbe Weise können auch drei oder mehr Objekte gleichen Namens mit unterschiedlichem Zustand unterschieden werden, was mit einem Flag nicht möglich ist.

5.8 Tricks mit Sprites

Die Sprites bieten sich auch bei nicht tragbaren Objekten an, die eigentlich fest im Bild integriert werden könnten. Ein geschickter Grafiker kann das Objekt auf dem Bild zeichnen und zusätzlich ein Sprite darüberlegen und so die Farbmöglichkeiten erweitern oder mit einem Hires-Sprite ein paar Details einfügen.

Denke auch daran, dass ein Objektsprite nicht unbedingt das Objekt darstellen muss, dem es zugeordnet ist. Sobald du ein Objekt im Raum hast, das nicht mitgenommen werden kann, kannst du diesem ein Sprite zuordnen und an beliebiger Stelle im Raumbild platzieren.

5.9 Verwendung von Raum- und Allgemeinmeldungen

Die Aktion ‚Meldung anzeigen' bezieht sich auf Raumtexte. Diese Texte werden im Raumfile abgespeichert und stehen daher auch nur im jeweiligen Raum zur Verfügung. A-Meldung anzeigen bezieht sich auf die globalen Texte, die in den allgemeinen Daten abgelegt werden. Diese 16 Texte stehen also im ganzen Spiel zur Verfügung. Normalerweise wird man in den Raumbedingungen Raumtexte verwenden und in den Allgemeinbedingungen Allgemeinmeldungen. Wenn aber in einem Raum ein Text fehlt und in den Allgemeinmeldungen noch einer frei ist, kann man durchaus einen Allgemeintext belegen, obwohl man ihn nur in einem Raum braucht. Den umgekehrten Fall, in einer Allgemeinbedingung einen Raumtext auszugeben, wird man im Normalfall nicht benutzen. Möglich ist es aber durchaus und kann interessante Effekte ergeben. Zum Beispiel könnte man während des ganzen Spiels einen Papagei bei sich haben, den man ansprechen kann und der in jedem Raum einen anderen Spruch von sich gibt. Um das zu realisieren, könnte man Raumtext 0 für den Papagei reservieren und eine Allgemeinbedingung setzen, die auf den Befehl `rede mit Papagei` diesen Raumtext ausgibt.

5.10 Beeinflussen der Bedingungsauswertung

Du kannst die Auswertung der Spielerbefehle in beschränktem Umfang steuern. Vielleicht hast du im Bedingungseditor das kleine Pluszeichen unter dem Feld für die Verbabfrage bemerkt? Hier lässt sich einstellen, was passiert, wenn die aktuelle Bedingung (Nummer n) erfüllt ist und die Aktionen ausgeführt wurden:

+ Diese Einstellung ist der Normalfall: Wenn die aktuelle Raum- bzw. Allgemeinbedingung erfüllt ist, wird der dazugehörige Aktionsblock ausgeführt und die Befehlsauswertung beendet.

w.aktionen Falls Bedingung n erfüllt ist, wird der nachfolgende Aktionsblock ausgeführt, die nächste Bedingung n+1 übersprungen und der darauffolgende Aktionsblock ebenfalls ausgeführt. Bedingung n+1 wird also nicht ausgewertet. Falls Bedingung n nicht erfüllt ist, wird als nächstes wie gewöhnlich Bedingung n+1 ausgewertet und gegebenenfalls die dazugehörigen Aktionen ausgeführt.

weiter Vielleicht willst du die Befehlsauswertung nicht beenden, wenn Bedingung n erfüllt ist. Mit dieser Einstellung wird die

Auswertung auf jeden Fall mit der nächsten Bedingung n+1 weitergeführt, egal ob die aktuelle Bedingung zutrifft oder nicht.

Wozu braucht man das?

Die Einstellung w. AKTIONEN ist vor allem nützlich, um Alternativen zu Spielerbefehlen zuzulassen. Abbildung 5-1 zeigt ein Beispiel aus dem Demoadventure. Dort kann man sowohl mit dem Befehl Öffne Weinflasche als auch Benutze Weinflasche eine Flasche Wein austrinken. Statt für beide Befehle jeweils einen vollständigen Bedingungs-/Aktionsblock mit den gleichen Aktionen anzulegen, legt man eine Bedingung für die erste Befehlsvariante an, stellt sie auf w. AKTIONEN ein und lässt ihren Aktionsteil leer. Direkt dahinter folgt dann eine Bedingung für die zweite Variante, diesmal mit den erforderlichen Aktionen, also Ausgabe eines Textes, Entfernen der Weinflasche und Einfügen einer leeren Flasche.

Abbildung 5-1
Einstellung WEITERE AKTIONEN: Wenn der Befehl Öffne Weinflasche lautet, werden die Aktionen in Block 4 und 5 ausgeführt. Falls nicht, wird als nächstes auf den Befehl Benutze Weinflasche getestet.

Eine weitere Verwendungsmöglichkeit ist, den Aktionsblock einer Bedingung n zu verlängern. Wenn Bedingung n nicht erfüllt ist, wird Bedingung n+1 wie gewohnt ausgewertet und auch ggf. die Aktionen ausgeführt. Normalerweise stellt man die Bedingung n+1 deshalb auf unmögliche Werte ein. Das muss man allerdings nicht unbedingt.

Auch Mischformen sind möglich, zum Beispiel eine Befehlsvariante, bei der im Aktionsblock der ersten Variante Aktionen eingetragen sind, die nur bei dieser Variante ausgeführt werden sollen.

Mit der Einstellung WEITER wird verhindert, dass die Auswertung endet, wenn die aktuelle Bedingung erfüllt und die Aktionen ausgeführt worden sind. Man kann so z.B. Hintergrundereignisse simulieren, zusätzliche Abfragen und Aktionen, die nach jeder Spieleraktion ablaufen sollen. Abbildung 5-2 zeigt einen Ausschnitt aus dem beiliegenden Beispieladventure „Defuse", in dem der Spieler eine Bombe entschärfen muss. Nach jedem falschen Versuch sollen noch einige Abfragen ausgeführt werden, die die Bombe ein Stück näher zur Explosion bringen.

Mit beiden Einstellungen kann man also interessante Effekte erzielen – vor allem, wenn man nicht aufpasst.

Bei einem Sprung in einen anderen Raum werden diese beiden Einstellungen deaktiviert, selbst wenn sie im Editor angewählt wurden, d.h. der aktuelle Aktionsblock wird kopiert und zu Ende ausgeführt, danach endet die Auswertung des letzten Spielerbefehls in jedem Fall.

5.11 Zählen

Leider kann man im D42-System in der aktuellen Version nicht zählen. Das Beispieladventure „Defuse" zeigt eine Methode, bei der einfach n Flags „geopfert" werden, um bis n zu zählen. Sieh dir dieses Beispiel im Editor an.

Wir können aber in einer Bedingung bis zu drei Flags abfragen und in den Aktionen auch setzen bzw. löschen. Im Folgenden wird

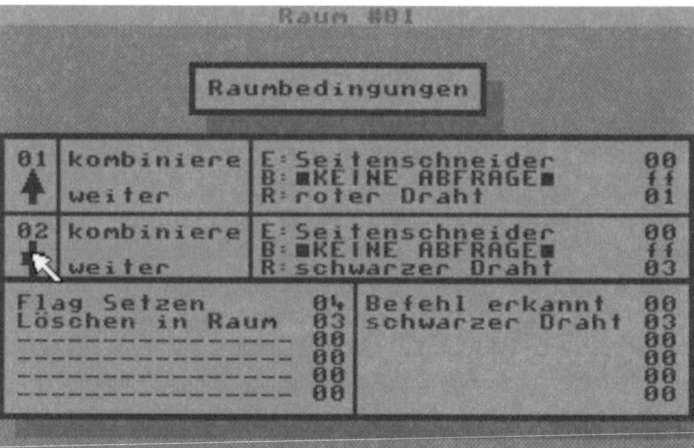

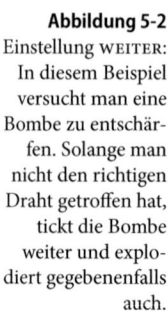

Abbildung 5-2
Einstellung WEITER:
In diesem Beispiel
versucht man eine
Bombe zu entschär-
fen. Solange man
nicht den richtigen
Draht getroffen hat,
tickt die Bombe
weiter und explo-
diert gegebenenfalls
auch.

eine Variante beschrieben, die mit zwei oder drei Flags einen Binärzähler mit vier oder acht Zuständen simuliert. Nehmen wir an,
der Spieler wird in einen Raum mit einer Bombe versetzt und soll
vier Züge Zeit haben, sie zu entschärfen. Die Flags 0 und 1 seien zu
Anfang gelöscht (Tabelle 5-1).

Wenn der Spieler auf die Idee kommt, den roten Draht durchzu-
schneiden, ist er gerettet. Dies wird von der ersten Bedingung erkannt. Ansonsten wird in den Bedingungen 1 bis 4 jeweils ein Text
ausgegeben und die Flags umgeschaltet.

Die Flags 0 und 1 durchlaufen nacheinander die Kombinationen
00, 01, 10 und 11. Wir zählen also binär von 0 bis 3. Nach vier Zügen
ist der Zustand „Flag0 = 1 und Flag1 = 1" erreicht, und wenn der
Spieler die Lösung immer noch nicht erkannt hat, wird das Spiel
beendet.

Beachte die umgekehrte Reihenfolge der Bedingungen. Diese Anordnung ist nötig, wenn wir den Trick aus Abschnitt 5.10 verwenden und parallel zum Zählen weitere Bedingungen verarbeiten wollen. Der Spieler kann dann gleichzeitig alles mögliche machen, z.B.
Gegenstände aufnehmen. Die Bedingung 4, die für den ersten Zug
zuständig ist, steht hinter Bedingung 3, weil sie vom Zustand 00 in

Block		
0	Bedingungen	
	Aktionen	Kombiniere Seitenschneider mit roter Draht
		Text `` Herzlichen Glückwunsch, du hast es geschafft!"
1	Bedingungen	Verb egal, Flag1 = 1, Flag0 = 1
	Aktionen	Text `` Kawumm!!!"
		Game Over
2	Bedingungen	Verb egal, Flag1 = 1, Flag0 = 0
	Aktionen	Text `` Schnell, schnell!"
		Flag0 = 1
3	Bedingungen	Verb egal, Flag1 = 0, Flag0 = 1
	Aktionen	Text `` Schnell, schnell!"
		Flag0 = 0
		Flag1 = 1
4	Bedingungen	Verb egal, Flag1 = 0, Flag0 = 0
	Aktionen	Text `` Die Bombe tickt weiter!"
		Flag0 = 1

Tabelle 5-1
Beispiel für einen Zählmechanismus, der mit Flags einen Binärzähler simuliert und vier Spielzüge abzählt.

den Zustand 01 umschaltet und die Bedingung 3 für Zustand 01 erst beim nächsten Zug anschlagen soll. Ähnliches gilt für Bedingung 1, 2 und 3. Tabelle 5-2 stellt die Zustandsübergänge dar.

Bedingung	in Zustand	nach Zustand
4	00	01
3	01	10
2	10	11
1	11	Game Over

Tabelle 5-2
Abfolge der Flag-Zustände im Zählmechanismus aus Tabelle 5-1: Die Ziffernpaare entsprechen den Zuständen der beiden Flags, z.B. 01 = Flag 1 gelöscht, Flag 0 gesetzt.

Kapitel 6
Der Player

Der „Player" ist das Programm, mit dem der Spieler das Adventure spielt. Nach dem Start des Players laufen die folgenden Schritte ab:

1. Der Lader wird gestartet. Falls auf der Diskette eine Trackload-Tabelle (File tt) vorhanden ist, wird sie geladen und zum weiteren Laden von Dateien benutzt. Unter anderem wird ggf. der Spieler aufgefordert, die richtige Diskettenseite einzulegen.

2. Die Allgemeinbedingungen und -texte, die Objekte und Objektsprites werden geladen (Files BA, 0J, 02).

3. Die Gegenstandskarte mit der Objektzuordnung wird geladen (File NW).

4. Der Introraum wird angezeigt. Hierzu wird Raum 00 geladen, das Raumbild angezeigt und die acht Raumtexte laufen nachein-

ander im Textscroller durch. Nachdem der Spieler Feuer gedrückt hat, werden die Aktionen der ersten Raumbedingung ausgeführt. Hier sollte also ein Befehl Sprung zu Raum stehen, der in den eigentlichen Anfangsraum wechselt. Vorher kannst du dem Spieler noch Objekte ins Inventar legen oder Flags manipulieren.

5. Spiel-Hauptschleife: Bild und Text des aktuellen Raums werden angezeigt (Abbildung 6-1). Nach Knopfdruck erscheint das Verb- und Objektmenü (Abbildung 6-2 und Abbildung 6-3), in denen die Befehle eingegeben werden. Bei Auswahl von SPIEL NEU STARTEN im Optionen-Menü oder wenn die Aktion Game Over ausgeführt wird, wird zurück zu Punkt 3 gesprungen. Diese Schleife läuft, bis die Aktion Endsequenz laden ausgeführt wird.

6. Endsequenz: Die Datei SQ wird geladen, ein beliebiges Programm mit Lade- und Startadresse $4000, wie es auch der Endsequenzgenerator erzeugt.

6.1 Das Optionen-Menü

Abbildung 6-4 zeigt das Optionen-Menü. Hier kann der Spielstand gespeichert bzw. geladen oder das Spiel neu gestartet werden. Außerdem kann man hier die Musik aus- und einschalten.

6.2 Speichern und Laden von Spielständen

Der Spielstand enthält die Gegenstandskarte, das Inventar, die Flags und einige andere Parameter, insbesondere den aktuellen Raum und den Directoryheader der zuletzt gelesenen Diskette. Zum schnellen Speichern zwischendurch kann ein Spielstand im RAM gespeichert werden, der natürlich beim Ausschalten des Rechners verloren geht.

Welch anmutiger Bau aus dem Mittelalter,
der Zeit der Ritter und Schlachten, die
Zeit der Post, wo sie immer noch lebt.
Na ja, das Gebäude ist das Postamt und
unter uns gesagt, du befindest dich genau in der Mitte des Adventures.
Na, auf jeden Fall kannst du hier in
alle Richtungen gehen. Ansonsten ist
leider wenig los. Die Hauswände starren
dir geradezu langweilig ins Gesicht...

Abbildung 6-1
Die Raumansicht.
Nach dem Betreten
eines Raums oder
bei Auswählen des
Befehls umsehen im
Verbmenü erscheint
das Raumbild und
im Textbereich der
Beschreibungstext.

Die liebe Tante Emma. Seit 120 Jahren
führt sie ihr Geschäft schon. Es kursie-
ren allerdings Gerüchte, in denen be-
hauptet wird, dass sie vor einigen
Jahren verstorben sein soll, jedoch als
guter Geist zurückgekommen ist. Ein
guter Geist ist sie wirklich - sie hilft
jedem; gegen Bargeld, versteht sich.
Tjach, nun stehst du hier - und denkst
darüber nach, was du machen willst.

Abbildung 6-2
Das Verbmenü. Der Befehl umsehen zeigt das Raumbild und die Raumbeschrei-
bung an. OPTIONEN führt ins Optionenmenü. Die Richtungspfeile auf der rechten
Seite erscheinen zunächst nur für die im aktuellen Raum freigegebenen Richtungen.
Im gezeigten Raum ist z.B. nur die Richtung Osten freigegeben. Wie man sieht,
kann man aber auch die nicht freigegebenen Richtungen anwählen, indem man den
Mauszeiger über der entsprechenden Stelle positioniert.

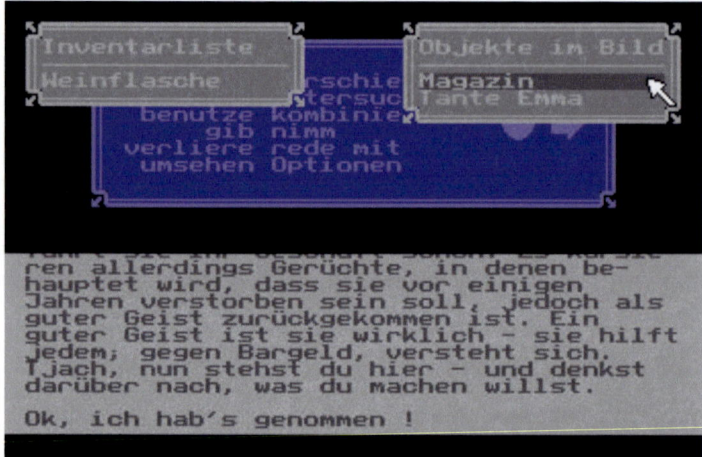

Abbildung 6-3
Nach der Auswahl eines Verbs erscheint das Objektmenü.

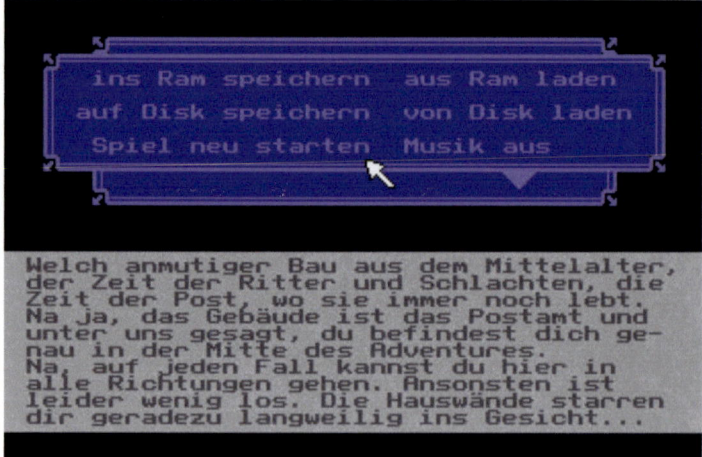

Abbildung 6-4
Im Optionenmenü kann man den Spielstand laden oder speichern, das Spiel neu beginnen oder die Musik an- und ausschalten.

Beim Speichern auf Diskette erscheint das Auswahlfenster in Abbildung 6-5. Pro Diskette können 8 Spielstände gespeichert werden, die den Dateien G1 bis G8 entsprechen. Ist der ausgewählte Spielstand bereits vorhanden, wird der alte gelöscht.

Beim Laden von Diskette erscheint das gleiche Auswahlfenster. Die Diskette wird nicht gescannt, es erscheinen auch hier alle acht Auswahlbuttons. Wird ein Spielstand ausgewählt, der nicht auf der

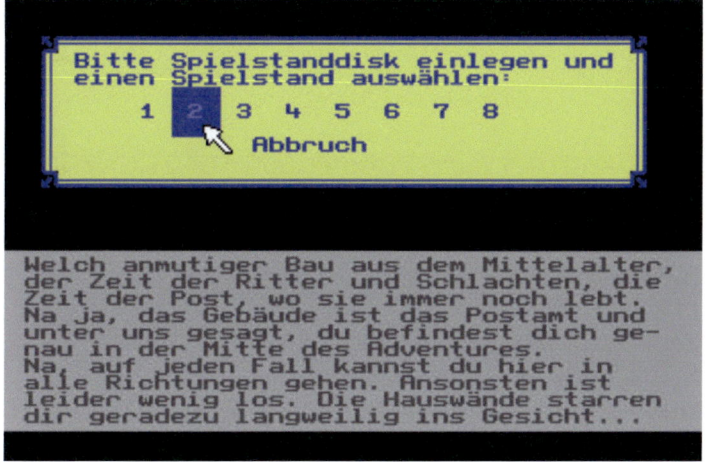

Abbildung 6-5
Beim Speichern auf oder Laden von Disk wird einer von acht möglichen Spielständen ausgewählt.

Diskette vorhanden ist, erscheint eine Fehlermeldung und danach wieder die Spielstandsauswahl.

Nach dem Speichern oder Laden eines Spielstands wird der Spieler aufgefordert, die Diskettenseite einzulegen, die vor dem Speichern eingelegt war (Abbildung 6-6). Hierbei wird der gespeicherte Directoryheader verwendet. Das letzte Zeichen der fünfstelligen Disk-ID wird als Seitennummer angezeigt. Bei einer frisch formatierten Diskette ist das in der Regel ein A; bei Disketten, die mit dem Trackload-Generator behandelt wurden, eine Ziffer (siehe Kapitel 8). Nach Einlegen einer Diskette wird ihr Directoryheader mit dem gespeicherten verglichen, und nur bei Gleichheit wird die Disket-

Abbildung 6-6
Nach dem Speichern oder Laden eines Spielstands wird der Spieler aufgefordert, wieder die Spieldiskette einzulegen.

te akzeptiert. Die Diskette darf also nicht nachträglich umbenannt werden.

6.3 Musik

Der Player spielt Single-Speed-Musikstücke mit Init bei $1000 und Play bei $1003 ab. Die Musiknummer, die im Editor eingestellt werden kann, hat zwei Funktionen: $yx bedeutet „lade Datei MX und übergebe den Wert y bei der Initialisierung". Auf diese Weise können auch Musiken verwendet werden, die mehrere Stücke enthalten. Der Wert $ff bedeutet keine Musik. Die Initialisierung erfolgt mit lda #$0y ldx #0 ldy #0 jsr $1000, das Abspielen mit lda #0 ldx #0 ldy #0 jsr $1003. Die Musik darf den Speicherbereich von $1000–$25ff belegen und die Bereiche der Zeropage benutzen, die nicht vom Player oder bei Kernal-Diskzugriffen verwendet werden. Der Player belegt die folgenden Zeropage-Speicherstellen: $02–$04, $16–$2d, $64–$6f, $e1–$e2, $eb–$ec. Die maximale Dauer für den Play-Aufruf sind 70 Rasterzeilen.

Um beim Ein- und Ausblenden der Musik die Lautstärke anpassen zu können, wird vor dem Aufruf der Musik-Routine der SID ausgeblendet, so dass die Playerroutine in das darunterliegende RAM schreibt. Von dort werden die Registerwerte in den SID kopiert. Dieses Verfahren kann Probleme mit Musikstücken verursachen, die SID-Register mehrfach oder mit speziellem Timing beschreiben.

Im Optionenmenü kann die Musik abgeschaltet werden, um Ladezeit oder Nerven zu sparen.

6.4 Der Lader

Beim Laden eines Raums wird der aktuell geladene Raum im RAM zwischengespeichert. Deshalb entfällt das Laden, wenn man direkt wieder in den vorherigen Raum zurückkehrt.

Der Lader sucht jede Datei zuerst auf der aktuellen Diskseite. Bei einem Spiel, das sich über mehrere Diskseiten erstreckt, können Dateien mit gleichem Namen auf mehreren Seiten vorhanden sein, um dem Spieler Diskettenwechsel zu ersparen. Dabei müssen diese Dateien nicht unbedingt identisch sein: z.B. kann auf Seite 2 ein anderer Satz Musiken verwendet werden, und Raumfiles können sich unterscheiden. Damit werden Tricks wie in Abschnitt 5.2 beschrieben möglich.

Leider hat der Lader auch einige Schwächen:
- Fastload- oder Freezer-Module können Probleme verursachen und sollten nach dem Laden des Players abgeschaltet werden.
- Er kann nur mit 35 Spuren umgehen (weil er ein reiner Bus-Speeder ist, d.h. er benutzt die DOS-Routinen zum Positionieren auf der Diskette und zum Lesen der Sektoren).
- Er vergleicht beim Durchsuchen des Directorys nur die ersten beiden Zeichen jedes Dateinamens und bemerkt nicht, wenn ein Eintrag länger ist. Steht z.B. im Directory vor dem Raum 08 eine Datei namens 08/15, so wird diese stattdessen geladen, was

wahrscheinlich zum Absturz des Players führt.

- Genauso ignoriert er den Typ der Directoryeinträge: Wenn ein Eintrag von einem gelöschten File existiert, dessen erste beiden Zeichen passen, wird dieser Eintrag zum Laden benutzt.

Die beiden letzten Punkte musst du bei der Arbeit unbedingt beachten! Angenommen, du willst etwas ausprobieren, gehst in den Editor, lädst die Spieldaten und machst eine Änderung an den Allgemeindaten. Um die alte Version zu behalten, benennst du **BA** per Floppykommando in **BA-ALT** um und speicherst dann die neue Version von **BA**. In der Regel wird dieses neue File im Directory hinter **BA-ALT** landen. Wenn du dann den Player startest, um deine Änderung zu testen, wirst du dich wundern, denn der Lader wird **BA-ALT** laden statt deiner geänderten Version. Auch Löschen von **BA-ALT** wird zunächst nicht helfen, da der Directoryeintrag bestehen bleibt. Achte also darauf, dass solche Namensübereinstimmungen nicht vorkommen. Wenn du ein Problem hast, das sich darauf zurückführen lässt, dass eine alte Version eines Files geladen wird, obwohl sie im Directory nicht mehr zu sehen ist, nimm einen Directory-Editor und untersuche das Directory auf unsichtbare Einträge gelöschter Files. Stattdessen kannst du auch ein Validate durchführen.

Kapitel 7
Der Endsequenz-Generator

Der Endsequenz-Generator ist ein eigenständiger kleiner Demo-maker außerhalb des D42-Editors, mit dem du einen Abspann mit einem Hintergrundbild und einer Musik für dein Spiel erstellen kannst, der ähnlich aussieht wie in Abbildung 7-1.

Nach dem Start des Programms erscheint das Hauptmenü (Abbildung 7-2).

Grundsätzlich bewegt man sich mit den Cursortasten durch die Menüs und wählt mit Return einen Punkt an. Im Notfall kann man Funktionen mit der Restore-Taste (nicht Run/Stop-Restore) abbre-chen. Alle Floppyoperationen beziehen sich auf das Laufwerk 8; wo ein Filename verlangt wird, kann mit der F3-Taste das Directory ausgegeben und durch Eingeben eines leeren Dateinamens (Return-Taste) die Funktion abgebrochen werden.

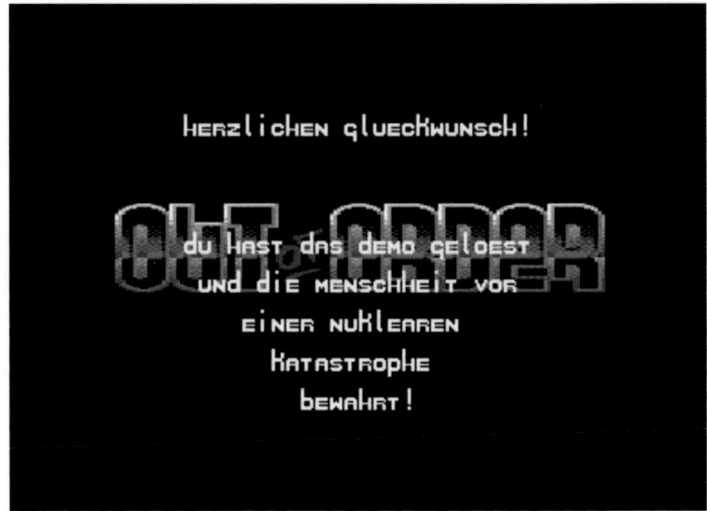

Abbildung 7-1
Die Endsequenz des
Beispieladventures

7.1 Endsequenz testen

Wird dieser Menüpunkt angewählt, wird die Endsequenz so gestartet, wie sie auch nach dem Adventure gezeigt würde. Mit einem
Druck auf die Restore-Taste landet man wieder im Hauptmenü. Res-
tore bitte nicht in Kombination mit der Run/Stop-Taste drücken, es
wird sonst wie gewohnt ein Basic-Warmstart ausgeführt.

Stürzt der Computer ab, z.B. wegen Problemen mit der Musik,
kann nach einem Reset der Editor mit einem `sys   $8000` (`sys
32768`) wieder gestartet werden. Funktioniert diese Methode nicht,
sollte es möglich sein, den Editor erneut zu laden, ohne dass der
Scrolltext gelöscht wird.

7.2 Bild in den Speicher laden

Um ein Hintergrundbild zu laden, wählt man hier zunächst das
Bildformat. Die unterstützten Formate sind Paint Magic, Koalapa-

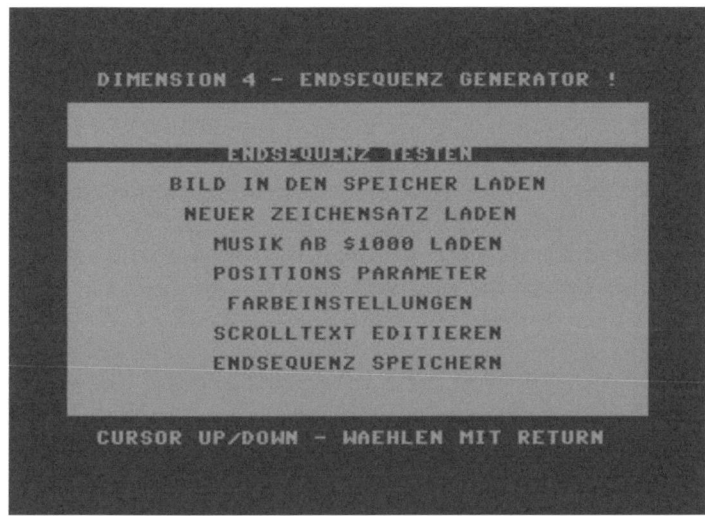

Abbildung 7-2
Das Hauptmenü
des Endsequenz-
Generators

inter, Amica Paint und CIF16. Dann erscheint eine Eingabeaufforderung. Hier wird der Dateiname eingegeben. Um abzubrechen, einfach Return drücken.

Das CIF-Format wird automatisch erkannt und in der normalen Farbkonfiguration geladen. Exakte Farbveränderungen müssen außerhalb des Editors vorgenommen werden. Es kann ausschließlich das CIF16-Format in der Größe 40x25x16 Multi geladen werden. Andere CIF-Formate müssen erst auf dieses CIF-Format konvertiert werden.

7.3 Neuen Zeichensatz laden

Ähnlich wie bei den Bildern kann hier ein eigener Zeichensatz mit doppelt hohen Zeichen geladen werden. Dieser muss $400 Bytes (128 Zeichen) lang sein, alle übrigen Bytes werden ignoriert. Die Codes $00 bis $3F sollen dabei den oberen Teil der Schrift darstellen, die Codes $40 bis $7F den unteren Teil. Die Zeichen können

volle 16 Pixel hoch sein, da beim Abspielen jeweils fünf leere Pixelzeilen zwischen zwei Textzeilen angezeigt werden.

7.4 Musik ab $1000 laden

Hier kann eine beliebige Musik in den Bereich $1000 bis max. $2000
geladen werden. Die Musik wird bei $1000 initialisiert und als Play-
vektor wird $1003 angenommen. Hat das Musikstück andere Vek-
toren, sollten diese vor dem Laden angepasst werden. Befindet sich
keine Musik im Speicher oder ist die sich im Speicher befindliche
Musik vermutlich nicht lauffähig, werden die beiden Vektoren so
verändert, dass keine Musik gespielt wird.

7.5 Positionsparameter

Dieser Menüpunkt ruft ein Untermenü auf. Am unteren Rand des
Bildschirmes kann man die aktuellen Einstellungen zur Sinusverschiebung, Scrollgeschwindigkeit und Scrollposition ablesen. Es
können folgende Menüpunkte gewählt werden:

Text bewegt sich sinusförmig:
Der Scrolltext bewegt sich nun sinusförmig über den Bildschirm.
Der Parameter Sinusverschiebung muss nun berücksichtigt werden.

Text linksbündig/zentriert/rechtsbündig:
Der Scrolltext bewegt sich nun exakt am linken Rand, in der Mitte
oder am rechten Bildschirmrand nach oben, ohne eine horizontale
Bewegung auszuführen.

Sinusverschiebung verändern:
Nach Anwahl dieses Punktes kann ein hexadezimaler Wert eingegeben werden, der angibt, um wieviele Pixel sich der Sinus per Textzei-
le verschieben soll. Folgende Werte sollten ausprobiert werden: 00,
01, 41, 3f, 7f, 20, 40.

Scrollspeed verändern:
Dieser Punkt erlaubt die Eingabe einer hexadezimalen Ziffer, die die
Scrollgeschwindigkeit bestimmt. Sinnvolle Werte sind 1,2,4 und 8.

7.6 Farbeinstellungen

Hier können die Rahmen- und Hintergrundfarbe des aktuell ein-
geladenen Bildes verändert werden. Am unteren Bildrand werden
jeweils die aktuellen Farben angezeigt. Mit jedem Druck auf Return
verändert sich die Farbe um eine Stelle.

7.7 Scrolltext editieren

Über diesen Menüpunkt landest du direkt im Texteditor (Abbildung
7-3). Wenn du noch keinen Text geschrieben hast, solltest du erst
einmal mit Shift+Clr den Textspeicher löschen. Die weitere Tastenbelegung findest du in Tabelle 7-1.

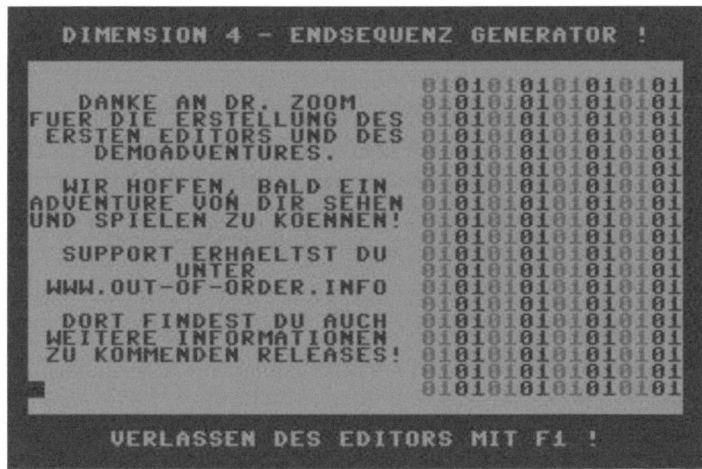

Abbildung 7-3
Der Texteditor
des Endsequenz-
Generators

Taste	Funktion
Cursortasten	Bewegen den Cursor über den Text und Datenbereich
Home	Setzt den Cursor an den Textanfang
Clr	Löscht den Text und setzt alle Farben auf Weiß
Return	Setzt den Cursor in die nächste Zeile an den Textanfang
Run/Stop	Setzt den Cursor an den Datenanfang
Del	Löscht das Zeichen links neben dem Cursor
Ins	Fügt ein Zeichen an Cursorposition ein
F1	Verlässt den Texteditor
F2	Liest die Farbinformation in einen Puffer
F4	Schreibt den Puffer in die aktuelle Farbinformation
F3	Fügt eine Zeile an der aktuellen Position ein
F5	Löscht die aktuelle Zeile
F7	Zentriert die aktuelle Zeile

Tabelle 7-1
Tasten im Endse-
quenz-Texteditor.

Die hexadezimalen Zahlenreihen hinter dem Textbereich geben jeweils die Farbinformation für eines der Sprites in der dazugehörigen Reihe an. Jedes Sprite entspricht drei Zeichen Text. Die Bedeutung der Zahlen findest du in Tabelle Tabelle 7-2.

Hexwert	Farbeffekt
00-0f	Die normalen 16 Farben des C64
10-17	8 verschiedene Flash-Farbverläufe
18-1f 20-27 28-2f	Jeweils dieselben acht Flash-Farben um einige Positionen versetzt

Tabelle 7-2
Farbcodes im
Endsequenz-Editor.

So können auch horizontal noch einige Effekte erzeugt werden. Ausprobieren lohnt sich auf jeden Fall.

7.8 Endsequenz speichern

Nach Eingabe eines beliebigen Filenamens wird die fertige Endsequenz auf die eingelegte Disk gespeichert. Vor dem Speichern wird die Endsequenz mit einem normalen Levelpacker bearbeitet.

Kapitel 8
Der Trackload-Generator

```
e1 b0 00 8d 34 3a          . . . . . . t :
98 48 a5 1b 18 65          . h . h . . . .
a5 1c 18 65 18 a8          . . . . . . . .
3a 30 07 20 b5 39          . t : 0 . . 9
d0 0a c4 1a b0 09          . . P . D . . .
a2 ff 86 1b e6 1b          . . . . . . . .
a8 68 aa ad 54 3a          . . . . . . t :
40 80 c0 00 40 80          . . @ . - . @ .
40 80 c0 00 40 80          - . @ . - . @ .
41 42 43 45 46 47          - @ a b c e f g
```

Der TT-Generator ist ein Basic-Programm, das eine Trackload-Tabelle erzeugt. Diese Tabelle (File **TT**) enthält zu jedem File die ersten
beiden Zeichen des Namens, die Anfangsposition auf der Diskette
sowie die Nummer der Diskettenseite. Die Diskettenseiten werden
in der Reihenfolge, in der du sie einlegst, durchnummeriert. Die
Nummer findest du danach rechts oben im Directorykopf.

Die Trackload-Tabelle wird vom Player benutzt, um herauszu-
finden, auf welcher Diskettenseite sich ein File befindet, um dann
ggf. diese Seite anzufordern; außerdem wird der Suchvorgang im
Directory eingespart, was den Ladevorgang um ein paar Sekunden
beschleunigen kann.

Vor dem Abspeichern der Trackload-Tabelle fragt das Programm,
ob das Spiel fertig ist oder noch editiert wird. Aus einem wichtigen Grund: Wenn ein File mit einer neuen Version überschrieben
wird, kann diese unter Umständen an einer anderen Position auf der
Diskette landen. Die Positionsangabe in der Trackload-Tabelle ist

dann ungültig, deshalb ist die Trackload-Tabelle während der Entwicklung auch eigentlich unnütz, und man erzeugt sie erst, wenn das Spiel fertig ist.

Bei einem mehrseitigen Spiel braucht man sie dann aber doch zum Testen während der Entwicklung, damit der Player weiß, auf welcher Diskseite sich die Files befinden. Für diesen Fall gibt es die Option „noch editieren". Der Player verwendet die Tabelle dann nur, um die Diskseite nachzuschlagen und sucht Anfangsspur/-sektor im Directory.

Kapitel 9
Vorbereiten der fertigen Version

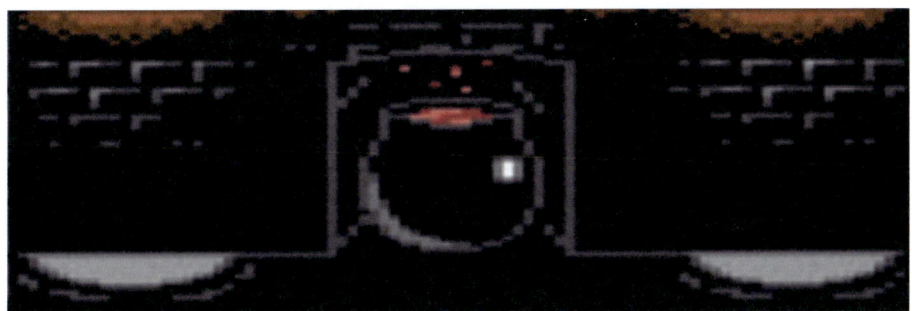

Während der Arbeit an deinem Spiel dürften sich einige Dateileichen, z.B. ungenutzte Räume oder Musiken, angesammelt haben. Außerdem sind die Dateien wahrscheinlich fragmentiert. Deshalb solltest du die Dateien auf frisch formatierten Disketten neu zusammenstellen.

Was bedeutet „Fragmentierung"? Wenn Dateien mehrfach durch neue Versionen ersetzt werden, ändert sich fast immer ihre Länge. Auf Dauer führt das dazu, dass auf der Diskette kleine freie Bereiche entstehen und hinzukommende Dateien in diese Lücken verteilt gespeichert werden. Die Dateien sind also fragmentiert und beim Laden gibt es unnötige Kopfbewegungen. Auf Festplatten werden zum Defragmentieren die Sektoren der Dateien verschoben, bei Disketten ist die einfachste Methode, die benötigten Files mit einem Filecopy-Programm auf eine neue Diskette zu kopieren.

Wenn dein Spiel mehrere Seiten belegt, versuche die Files so zusammenzustellen, dass der Spieler nachher möglichst wenig Diskjockey spielen muss. Eine Datei darf auf mehreren Diskseiten vorhanden sein: Der Lader sucht in der Trackload-Tabelle immer zuerst auf der aktuellen Diskseite. So solltest du auf jede Diskseite alle Musiken kopieren, die von den Räumen auf dieser Diskseite benötigt werden. Außerdem sollte sich ein zusammenhängender Bereich von Räumen nach Möglichkeit auf derselben Diskseite befinden. Wenn dein Spiel eine Reihe von Situationen enthält, die man der Reihe nach durchläuft, überlege dir, ob du für jede Situation eine Diskseite anlegst, die jeweils die benötigten Files enthält.

Zuletzt erzeugst du dann das Trackload-File. Wenn du möchtest, kann das Directory dann mit einem Programm wie DiskWizard oder DirDesigner gestylt werden. Die Einträge für den Player und das TT-File müssen natürlich im Directory bleiben, alle anderen können entfernt werden.

Kapitel 10
Schlusswort

Wir wünschen dir beim Erstellen deines eigenen Adventures viel Spaß, Erfolg und genügend Ausdauer. Du wirst sehen, dass du nach kurzer Einarbeitungszeit mit dem Editor quasi auf du-und-du bist und dir die Arbeitsschritte schnell von der Hand gehen. Mit einigen Tricks, von denen manche hier beschrieben wurden und du andere neu entdecken wirst, sind deinem Adventure eigentlich kaum Grenzen gesetzt. Bring dieses in Vergessenheit geratene Genre für einen der besten Computer der Welt wieder zu neuem Glanz. Schreib **dein** Adventure. Und lass uns mitspielen!

Anhang A
Datenstrukturen

```
e1 b0 00 8d 54 3a        . . . . . . τ :
98 48 a5 1b 18 65        . h . h . . . .
a5 1c 18 65 18 a8        . t : 0 . : 9
3a 30 07 20 b5 39        
d0 0a c4 1a b0 09        . . P . D . . .
a2 ff 86 1b e6 1b        . . . . . . . .
a8 68 aa ad 54 3a        . . . . . . t :
40 80 c0 00 40 80        . . @ . - . @ .
40 80 c0 00 40 80        - . @ . - . @ .
41 42 43 45 46 47        -@abcdefg
```

Vielleicht möchtest du zwar den Editor benutzen, aber deinen eigenen Player schreiben, um deinem Adventure mehr Individualität zu geben. Du kannst auch die Kernteile mit dem Interpreter für die Spiellogik aus dem Quellcode übernehmen und die Oberfläche des Players neu schreiben. Dazu sind hier die Datenstrukturen beschrieben, aus denen das Adventure besteht.

Manche Strukturen und Adresslagen sind etwas umständlich oder widersinnig, sind aber durch die schrittweise Entwicklung so entstanden und beibehalten worden, damit die existierenden Spiele weiterhin funktionieren.

Die Adressen entsprechen der Lage im C64-Speicher, die Dateien enthalten jeweils die Startadresse.

A.1 Raum- und Allgemeindaten

Eine Raumdatei besteht aus:
- Raumbeschreibung und -bild, Musiknummer und Koordinaten von Objektsprites
- acht Texten zu je sechs Zeilen
- 32 Raumbedingungen
- gesperrten Richtungen

Die Allgemeindaten sind einfacher aufgebaut: Sie enthalten lediglich 64 Allgemeinbedingungen und 16 Allgemeintexte.

Die genaue Speicherbelegung ist in Tabelle A-1 und Tabelle A-2 beschrieben, die Textcodierung in Tabelle A-3.

Entpacken der Raumfiles

Die Räume sind in einem einfachen RLE-Format gepackt: Das erste Byte ist ein Markerbyte, mit dem im Rest der Datei gepackte Sequenzen eingeleitet werden. Eine solche gepackte Sequenz besteht aus drei Bytes: Marker, Anzahl der Wiederholungen und Bytewert. Angenommen, das Markerbyte ist $ea, so wird eine Folge von 100 Nullbytes also als ea 64 00 dargestellt.

Wenn das Markerbyte selbst irgendwo in den Daten vorkommt, wird es dargestellt als ea 01 ea. Die Datei endet mit der Endekennung Marker, 0, 0.

A.2 Objektdaten

Die Objektdaten umfassen:
- Objektdeskriptoren mit den Namen und Eigenschaften der Objekte
- Sprites und Spritekoordinaten
- und die Verteilung der Objekte auf die Räume

Zu jedem Objekt gibt es einen Deskriptor. Dieser enthält den Namen, zwei Flags, die angeben, ob es sich um eine Person handelt

Adresse	Inhalt
8000-818f	Raumbeschreibung (10*40 Zeichen)
81e0	gesperrte Richtungen: 1 – Norden, 2 – Osten, 4 – Süden, 8 – Westen
81e1	Musiknr.
81e2-81e9	Sprites X-Tabelle
81ea-81f1	Sprites Y-Tabelle
8200-82ef	Raumtext 1
...	...
8900-89ef	Raumtext 8
8a00-8bff	32 Bedingungen
8c00-8ddf	Videoram: 12x40 Bytes
8e00-8fdf	Colorram: 12x40 Bytes
8fff	Hintergrundfarbe
9000-9eff	Bitmap: 12x320 Bytes

Tabelle A-1
Aufbau der Raum-
daten im Speicher

Adresse	Inhalt
a000-a3ff	64 Bedingungen
a400-a4ef	Allgemeintext 1
...	...
b300-b3ef	Allgemeintext 16

Tabelle A-2
Aufbau der All-
gemeindaten im
Speicher

Hexcode	Zeichen
$00 oder $20	Space
$1e	Text-Endemarke
$1b/$5b	ä / Ä
$1d/$5d	ö / Ö
$1c/$5c	ü / Ü
$5e	ß
$3a/$3b	: / ;
$3c/$3e	< / >

Tabelle A-3
Texte sind als
Screencodes abge-
speichert, wobei
Nullbytes als Space
gelten und der Pfeil
nach oben ($1e) als
Textendemarke.

und ob das Objekt genommen werden kann und, bei den ersten 56 Objekten, Farbinformationen für die Spritedarstellung. Tabelle A-4 zeigt den genauen Aufbau.

Tabelle A-4
Aufbau eines Objektdeskriptors

Byte (Offset)	Funktion
0-14	Objektname, Screencodes aufgefüllt mit Leerzeichen
15 Bit 0	0: Objekt kann genommen werden, 1: unbewegliches Objekt
15 Bit 1	0: Gegenstand, 1: Person
15 Bit 2	0: Hires-Sprites, 1: Multicolor-Sprite
15 Bit 3	reserviert
15 Bits 4-7	Spritefarbe

Die Deskriptoren und die Sprites sind in den Dateien OJ und O2 gespeichert (Tabelle A-5), die Koordinaten dieser Sprites befinden sich in den jeweiligen Raumfiles. Die Verteilung der Objekte auf die Räume ist in der Gegenstandskarte (NW) eingetragen.

Tabelle A-5
Der Aufbau der Dateien OJ und O2 und die Lage im Speicher

Objekte $40-$7f (File O2)	
Adresse	Inhalt
5000-53ff	Deskriptoren für Objekte $40-$7f
Objekte $00-$37 (File OJ)	
6400-71ff	Sprites für Objekte $00-$37
643f, 647f	Sprite-Multicolorfarben
7200-757f	Deskriptoren für Objekte $00-$37
7580-75ff	frei

Aufbau der Gegenstandskarte

Wie schon erwähnt, können in einem Raum bis zu acht Gegenstände abgelegt werden. Entsprechend gibt es einen Speicherbereich mit

8x128 Einträgen, siehe Tabelle A-6. Die Adressen werden nach der Formel $0c00 + Objektslot * 128 + Raumnr. gebildet, zum Beispiel stehen die acht Objekte in Raum 01 an den Adressen $0c01, $0c81, $0d01, ..., $0f81.

Die unteren sieben Bits jedes Eintrags enthalten die Objektnummer. Dabei steht $7f für „kein Objekt"; aus diesem Grund kann man dieses Objekt nicht in Räumen ablegen. Bit 7 gibt an, ob das Objekt als Sprite angezeigt werden soll (0) oder nicht (1). Das Sprite wird anhand der Objektnummer bestimmt, die Position anhand der Koordinatenliste im Raumfile. Das funktioniert, weil es zu Anfang eine feste Beziehung zwischen der Koordinatenliste und der Raumkarte gibt – wenn ein Objekt zum Beispiel im Editor an erster Stelle im Raum eingetragen und dann das Sprite positioniert wird, werden die Koordinaten auch an erster Stelle der Liste eingetragen. Wenn das Objekt erst während des Spiels in dem Raum landet, gibt es keine Möglichkeit, das Sprite seinen Koordinaten zuzuordnen.

Adresse	Funktion
0c00-0c7f	Objekt 0 für die Räume 00-7f
...	...
0f80-0fff	Objekt 7 für die Räume 00-7f

Tabelle A-6
Der Aufbau der Gegenstandskarte (Datei **NW**)

A.3 Bedingungen und Aktionen

Eine Raum- oder Allgemeinbedingung ist ein Block aus Bedingungen und Aktionen, die ausgeführt werden, wenn die Bedingungen zutreffen. Der Bedingungsteil enthält eine Verbangabe und drei Zusatzbedingungen, mit denen jeweils entweder ein Objekt oder ein Flag abgefragt werden kann. Sind die Bedingungen erfüllt, werden die Aktionen ausgeführt. Was daraufhin passiert, ist einstellbar: Normalerweise ist die Verarbeitung des Spielzugs damit beendet. Man kann aber auch die Verarbeitung mit der nächsten Bedingung fortsetzen, als wäre die aktuelle nicht zugetroffen oder die Aktionen der nächsten Bedingung ausführen.

Tabelle A-7 zeigt den Aufbau eines ganzen Bedingungs-/Aktions-blocks. Tabelle A-8, A-9 und A-10 definieren die Codierung des Bedingungsteils und die Tabelle A-11 und A-12 die der Aktionen.

Offset (Bytes, dez.)	Bedingung/Aktion
0 Bit 0-5	Verb
0 Bit 6-7	Vorgehensweise nach Ausführen der Aktionen
1	Objektbedingung E oder Flagbedingung
2	Objektbedingung B oder Flagbedingung
3	Objektbedingung R oder Flagbedingung
4-5	Aktion 1 mit Parameter
6-7	Aktion 2 mit Parameter
8-9	Aktion 3 mit Parameter
10-11	Aktion 4 mit Parameter
12-13	Aktion 5 mit Parameter
14-15	Aktion 6 mit Parameter

Tabelle A-7
Der Aufbau eines Bedingungs-/Aktionsblocks

Wert Bits 7/6	Bedeutung
00	Aktionen ausführen und Ende
10	Aktionen ausführen und weiter
11	Aktionen ausführen und weiter, aber den Test der nächsten Bedingung überspringen

Tabelle A-8
Die Bedeutung von Bit 7 und 6 der Verbbedingung

Wert	Bedingung
$00-$7f	Testen, ob Objekt im Befehl vorkommt E: im Raum oder Inventar B: im Besitz (Inventarobjekt) R: im Raum
$80-$bf	Test, ob Flag gesetzt
$c0-$fe	Test, ob Flag gelöscht
$ff	Test überspringen

Tabelle A-9
Die Codierung der Objekt-/Flagbedingungen

Code (dez.)	Verb
0	Bedingung ungültig
1	Öffne
2	Verschiebe
3	Ein
4	Untersuche
5	Benutze
6	Kombiniere
7	Gib
8	Nimm
9	Verliere
10	Rede mit
11	Norden
12	Osten
13	Süden
14	Westen
63	Verb egal

Tabelle A-10
Die Verbcodes. Null bedeutet, dass die Bedingung nie erfüllt ist. 63 dagegen bedeutet, dass die Verbabfrage übersprungen wird, die Bedingung also auf jedes Verb passt.

Code (dez.)	Aktion	Parameter
0	wird übersprungen	
1	Gegenstand in Besitz (*)	Objektnr.
2	Löschen aus Besitz	Objektnr.
3	Löschen aus Raum	Objektnr.
4	Flag setzen	Flagnr.
5	Flag löschen	Flagnr.
6	Meldung ausgeben	$yx y=0/1-6, x=0-7
7	Allgemeinmeldung ausgeben	$yx y=0/1-6, x=0-F
8	Sprung zu Raum	Raumnr.
9	Game Over	Nr. der Meldung
10	Endsequenz laden	-
11	Auf Button warten	-
12	Gegenstand in Raum	Raumnr.

Tabelle A-11
Die Aktionen und ihre Parameter

Parametertyp	Wertebereich
Objektnr.	$00-$37, $40-$7f
Flagnr.	$00-$3f
Raumnr.	$00-$7f
Textnr.	$yx y=0: Textblock x ausgeben y=1-6 Textblock x ab Zeile y bis Endezeichen ausgeben
Game Over	Textnummer (0-3)

Tabelle A-12
Die Wertebereiche
der Aktionspara-
meter

A.4 Die Trackload-Tabelle

Das TT-File (Tabelle A-13) enthält im Wesentlichen 5 Tabellen mit je 256 Bytes. Darin stehen für jedes von maximal 256 Files die ersten beiden Zeichen des Namens, die Spur/Sektor-Position auf der Diskette und die Nummer der Diskettenseite, auf der sich das File befindet.

Der Lademodus in $cd01 bestimmt, ob die Spur-/Sektorposition der Datei aus der Tabelle oder dem Directory kommt. Während der Spielentwicklung, wenn sich die Position einer Datei noch ändern kann, setzt man diesen Wert auf Null.

Adresse	Inhalt
c800-c8ff	Dateiname 1. Zeichen
c900-c9ff	Dateiname 2. Zeichen
ca00-caff	Track
cb00-cbff	Sektor
cc00-ccff	Diskseite
cd00	Anzahl der Seiten
cd01	Lademodus 0: Track/Sektor aus Directory holen 1: Track/Sektor aus Tabelle holen
cd02-cd0f	Signatur "DR.ZOOM SYSTEM" 44 52 2e 5a 4f 4f 4d 20 53 59 53 54 45 4d

Tabelle A-13
Der Aufbau der
Trackload-Tabelle

Anhang B
Die wichtigsten Unterschiede zu D4

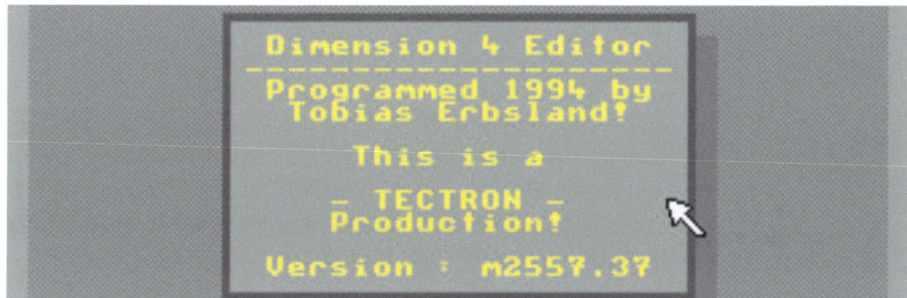

- Am wichtigsten natürlich die Möglichkeit, den Spielstand auf Disk zu speichern.
- Die Raumbilder lassen sich jetzt direkt im Editor aus Amica-Paint oder Koalapainter-Dateien laden. Außerdem wird die Hintergrundfarbe richtig angezeigt; das alte System konnte nur mit Bildern mit der Hintergrundfarbe Schwarz umgehen.
- Der Speicherbereich für Musik wurde vergrößert.
- Der Editor für Texte wurde erweitert, unter anderem um Umlaute und die Möglichkeit, Text einzufügen. Der Textspeicher kann effizienter ausgenutzt werden.
- Die Anzahl der Flags wurde von 16 auf 64 erhöht. Flagabfragen können jetzt im Editor direkt über ein Menü eingegeben werden. Man kann den Flags jetzt auch Namen geben, die im File FL gespeichert werden. Mit der Anzahl der Flags hat sich auch die Codierung von Flagabfragen geändert, wie in Tabelle B-1 angegeben. So wird z.B. die Bedingung „Flag $00 gelöscht" im alten

Tabelle B-1		Flag gesetzt	Flag gelöscht
Alte und neue Codierung der Flagabfragen	D4: 16 Flags	$80-$8f	$90-$9f
	D42: 64 Flags	$80-$bf	$c0-$fe

System als $90 codiert, was D42 als „Flag $10 gesetzt" interpretiert. Flag-gelöscht-Abfragen in einem D4-Spiel müssen also umgeschrieben werden, um im D42-Player korrekt zu laufen.

- In den Bedingungen kann an jeder der Positionen E, B und R eine Flagbedingung stehen (im alten System nur an dritter Stelle).
- Normalerweise endet die Befehlsauswertung, sobald ein Bedingungsblock zutrifft und die zugehörigen Aktionen ausgeführt wurden. In der neuen Version kann man sowohl die Auswertung bei der nächsten Bedingung weiterführen, als auch einen Aktionsblock verlängern.
- Bei einer Sprung zu Raum-Aktion werden die restlichen Aktionen des aktuellen Aktionsblocks gepuffert und nach dem Laden des neuen Raums noch ausgeführt.
- Die Beschränkung des Inventars auf acht Objekte ist aufgehoben. Man kann jetzt 128 Objekte bei sich tragen, also alle, vorausgesetzt, dass keine Objekte mehrfach ins Inventar eingetragen werden.
- Im alten Player konnten alle Richtungen angewählt werden, auch die, die im aktuellen Raum nicht freigegeben sind. Im neuen werden nur die Richtungen angezeigt, die frei sind; die anderen sind unsichtbar, können aber weiterhin angewählt werden.

Stephan Lesch lebt und arbeitet als Softwareentwickler in Frankfurt am Main. Als Mitgründer von Out of Order Softworks ist er bis heute aktives Mitglied der Szene um den Commodore 64. Neben der Überarbeitung des D42-Systems programmiert und entwickelt er neue Adventurespiele.

Tobias Erbsland lebt und arbeitet als Software-Architekt in der Schweiz. In den 90er Jahren war er aktives Mitglied der C64-Szene und maßgeblich beteiligt an der Entwicklung und Programmierung des bis heute erscheinenden Diskettenmagazins Digital Talk. 1994 veröffentlichte er im Alleingang das Dimension-4-Adventure-System.